AF288800

SUTTON
VERLAG

Sagen & Legenden

Matthias Rickling

HEXEN. HÜNEN. HÖLLENFÜRST.

SAGENHAFTES OSNABRÜCKER LAND

SUTTON
VERLAG

Impressum
Sutton Verlag GmbH
Hochheimer Straße 59
99094 Erfurt
www.suttonverlag.de

Copyright © Sutton Verlag, 2013
ISBN: 978-3-95400-293-1

Druck: Books on Demand GmbH, Norderstedt, Deutschland

Das Titelbild zeigt den Süntelstein im Wald des Belmer Ortsteils Vehrte. Der 3,7 Meter hohe und 2,6 Meter breite Findling wurde der Sage nach vom Teufel dorthin gebracht, weil er damit eine Kirchentür verschließen wollte. Die Sage finden Sie im Buch ab Seite 34.

INHALTSVERZEICHNIS

QUELLEN UND LITERATUR

Joseph, Martin (M.A.): *Am heimatlichen Herd.* Heimatblatt. Nachdruck der Zeitungsbeilagen von 1950–2010, bearb., in: Heimat gestern und heute – Mitteilungen des Kreisheimatbundes Bersenbrück (KHBB) e. V., 3 Bände, Bersenbrück 2009, 2010, 2012.

Crone, Josef: *Sagen des Hase-Thales,* Osnabrück 1883.

Friedrich, Ernst Andreas: *Niedersachsen. Schatzkammer der Natur,* Hannover 1987.

Grässe, Johann Georg Theodor: *Sagenbuch des Preußischen Staates,* 2 Bände, Glogau 1868/71.

Hartmann, Hermann: *Mythe und Sage, Gedichte,* Osnabrück 1889.

Heimat-Jahrbuch Osnabrücker Land, hrsg. v. Heimatbund Osnabrücker Land e. V. und Kreisheimatbund Bersenbrück e. V., Osnabrück 1974–2012, diverse Jahrgänge.

Klein, Diethard H. / Rosbach, Heike: *Osnabrück. Ein Lesebuch. Die Stadt Osnabrück einst und jetzt in Sagen und Geschichten, Erinnerungen und Berichten, Briefen und Gedichten,* Husum 1990.

Kuhn, Adalbert: *Sagen, Gebräuche und Märchen aus Westfalen und einigen andern, besonders den angrenzenden Gegenden Norddeutschlands,* 2 Bände, Leipzig 1859.

Mittheilungen des Historischen Vereins zu Osnabrück (Osnabrücker Mitteilungen), Bd. 1–3, Osnabrück 1848–1850.

Petschel, Günter: *Volkssagen aus Niedersachsen,* Husum 1979.

Schirmeyer, Ludwig: *Osnabrücker Sagenbuch,* 4. Aufl., Osnabrück 1967.

Strackerjan, Ludwig: *Aberglaube und Sagen aus dem Herzogtum Oldenburg,* 2 Bände, Oldenburg 1909.

Westerfeld, Heinrich: *Osnabrücker Monatsblätter für Geschichte und Heimatkunde,* 1908.

Wallrabenstein, W. (bearb.): *Aus dem Sagenschatz des Altkreises Bersenbrück,* Quakenbrück 1984.

Wrasmann, Adolf: *Die Sagen der Heimat. Sagenschatz des Regierungsbezirks Osnabrück,* Osnabrück 1908.

Mühlen wie die Wassermühle Risau in Balkum waren geheimnisvolle Orte, die vielen Menschen nicht geheuer waren.

VORWORT

Zum Teufel gehen ist nicht schwer. Gerade im Osnabrücker Land hat man es selten schwer, einen Ort zu finden, der mit dem Fürsten der Finsternis in Verbindung gebracht wird oder gar seinen Namen trägt. Und sollte dies trotzdem einmal nicht gelingen, dann haben an den Hünensteinen, am Hexentanzplatz, bei den Zwergenlöchern oder der Alkenkuhle andere sagenhafte Wesen seinen Posten eingenommen. Wahrlich, im Osnabrücker Land ist es ein Leichtes, zum Teufel zu gehen – und zahlreiche Sagen erklären genau, wo man auf ihn und andere sagenhafte Gestalten treffen kann.

Die seit Jahrhunderten überlieferten Sagen des Osnabrücker Landes lassen trotz ihrer Schlichtheit und Kürze eine Welt erstehen, in der sich ein ganzes Panoptikum dämonischer Figuren tummelt. Riesen, Drachen, Werwölfe, sie alle sind dabei. Geister schleichen durch die Nächte, Hexen ziehen durch die Lüfte und diverse Ausgeburten der Hölle treiben ihr Unwesen in den einsamen Winkeln des Landes. Im vorliegenden Band sind sie versammelt, die dämonischen Sagen des Osnabrücker Landes, die sich mit übernatürlichen Wesen und unerklärlichen Vorkommnissen beschäftigen. Sie stehen als eine Hauptgruppe von Sagen den historischen Sagen gegenüber, in denen geschichtliche Persönlichkeiten und Ereignisse wie Kriege, Christianisierung oder Bräuche thematisiert werden. Aufgrund der Vielzahl der im Osnabrücker Land verbreiteten Sagen, die den Umfang eines Bandes in der Reihe *Sagen & Legenden* bei Weitem überschreiten und weil eine Auswahl der bunten Vielfalt kaum gerecht würde, haben wir zunächst auf die historisch motivierten Erzählungen verzichtet. Die Anordnung der Sagen nach ihrem Inhalt und ihre Trennung nach historischen und dämonischen Sagen folgen jenem klassischen Muster, das vor rund zweihundert Jahren die beiden Märchen- und Sagensammler Grimm prägten. Nach ihrem Vorbild und unter dem Einfluss der nationalen Strömungen begann man Anfang des 19. Jahrhunderts vielerorts, die nur mündlich weitergegebenen Geschichten der Heimatregionen zusammenzutragen. Zumeist waren es die damaligen Heimatforscher, vornehmlich Lehrer und Priester, die diese Sammeltätigkeit übernahmen. Auch im Osnabrücker Land ahnten sie, dass mit der zunehmenden Aufklärung und den damit einhergehenden gesellschaftlichen

Umbrüchen die uralte Erzähltradition dem allmählichen Untergang geweiht war. Viele dieser gesammelten Überlieferungen aus Vorväterzeiten fanden schließlich in den ersten Ausgaben der „Mittheilungen des historischen Vereins zu Osnabrück" (1848–1851, heute „Osnabrücker Mitteilungen") ihren ersten schriftlichen Niederschlag. Auch in den weiträumiger gefassten, mehrbändigen Sagensammlungen von A. Kuhn (1859) und J.G.T. Grässe (1868/1871) fanden die Sagen aus dem Osnabrückischen Eingang. Gegen Ende des Jahrhunderts, als die offenen Herdstellen nicht nur in den größeren Ortschaften seltener wurden, machten sich J. Crone (1883) und H. Hartmann (1889) daran, die Sagen ihrer Heimat in Einzelschriften zu würdigen und teils in Gedichtform zu publizieren. Mit Abbildungen illustriert und mit Jugendstil-Vignetten geschmückt, sammelte dann A. Wrasmann den „Sagenschatz des Regierungs- bezirks Osnabrück" (1908). Sein Werk lag dem „Osnabrücker Sagenbuch" von L. Schirmeyer zugrunde, das ab 1920 in mehreren ergänzten Auflagen die Leser des Landes erfreute und wohl in keiner heimatkundlich orientierten Bibliothek fehlen durfte. All diese Arbeiten sind lange vergriffen und fast nur noch anti- quarisch verfügbar. Einige der alten Erzählungen aus dem Osnabrücker Land fanden auch Eingang in verschiedene überregionale Sagensammlungen. Doch zumeist tauchen sie nur noch vereinzelt auf, in Zeitungsartikeln oder -beilagen, in den Jahrbüchern der diversen Heimatbünde, als Beiwerk in touristischen Schriften oder als kleine Sammlung einer Teilregion. Dieser Band in der Reihe *Sagen & Legenden* des Sutton Verlages erlaubt nun erneut einen Blick auf den sagenhaften Erfahrungsschatz des gesamten Osnabrücker Landes. Die hier auf- geführten Erzählungen zum Weitersagen sind zwar alt, aber noch lange nicht veraltet oder gar langweilig. Sie künden von Freveltaten und unheimlichen Begegnungen, lassen Tote aus ihren Gräbern auferstehen und ganze Klöster im Erdboden versinken, sie berichten von kühnen Helden, holden Jungfrauen und arglistigen Betrügern. So klar und einfach sich die Volkssagen auch präsentie- ren, sie stehen mit ihren Handlungen und Figuren den Szenarien moderner Fantasy-Produktionen in nichts nach. Dennoch ist die lebendige Erzählform der Sage nahezu ausgestorben.

„Wer liest heute noch Sagen? Wen interessieren in einer technisierten Welt, die buchstäblich nach den Sternen greift und in der kein Erdteil mehr in wei- ter Ferne liegt, die schlichten Sagen der heimatlichen Umgebung?", so fragte Ottokar Israel, stellvertretender Direktor des Niedersächsischen Staatsarchivs Osnabrück, bereits 1967 im Nachwort zu einer Neuauflage von Schirmeyers „Sagenbuch". Seit dem Erstdruck von 1920, einer Zeit also, in der das „Sagen" von Geschichten an den Herdfeuern der ländlichen Bevölkerung durchaus noch üblich war, waren fast 50 Jahre ins Land gegangen. Die gewaltigen gesellschaftlichen Umbrüche und technischen Entwicklungen dieser Zeitspanne ließen es mehr als fraglich erscheinen, ob überhaupt noch ein Interesse an den überlieferten Erzählungen bestand. Nun sind seither abermals fast 50 Jahre vergangen, in denen kulturelle und technische Schöpfungen umfängliche Veränderungen bewirkt haben. Kein Mensch „greift" noch nach den Sternen – sie werden hoch aufgelöst heruntergeladen. Das Wissen und die Ansichten aus allen Teilen der Welt sind per Knopfdruck verfügbar und die Reise dorthin per Klick zu buchen. Die mediale Konkurrenz für die alten Volksüberlieferungen ist gewaltiger denn je. Und die Frage wiederholt sich: Wer liest heute noch Sagen?

Niemand glaubt mehr an sie, dennoch bieten die Sagen des Osnabrücker Landes auch heute noch einen höchst reizvollen Lesestoff, der nicht nur unterhält, sondern auch die vertraute Umgebung bewusst, manchmal erst bekanntmacht. Denn die von Generation zu Generation weitergegebenen Erzählungen erinnern trotz der freimütig verwendeten fantastischen Elemente stets auch an reale Lebensumstände. Obwohl sie über die Jahrhunderte vielfache Veränderungen, Ergänzungen und auch Umdeutungen erfuhren, enthalten sie immer auch detaillierte Angaben über den Ort des Geschehens und erlauben sogar eine ungefähre zeitliche Einordnung. Dadurch wurden Sagen aller Art, neben ihrer unterhaltenden Wirkung, auch zu wichtigen Trägern historischen Wissens. Dieses wiederum war Nährboden für die Bildung regionaler Identitäten, die auch im Osnabrücker Land noch immer sehr bewusst wahrgenommen werden. Den Erzählern ging es nicht darum, die Ereignisse wahrhaft und unverfälscht wiederzugeben. Das wiederholte Schildern von geschichtlichen Tatsachen und Erlebnissen Einzelner war vielmehr eine kommentierte Interpretation des Geschehens aus Sicht der jeweiligen Zeitgenossen. Mit einer Sage bekam die Hörerschaft bestimmte Umstände erklärt, wurde vor gewissen Verhaltensweisen gewarnt oder einfach belehrt. Viele Darstellungen entstanden aus dem Bedürfnis der Menschen heraus, Erklärungen für auffällige Gegebenheiten ihrer Umwelt zu finden, die die zeitgenössischen Hörer nicht selbst ergründen konnten und sie daher als übernatürliche Phänomene akzeptierten.

Sagen sind ein farbenfroher Mix aus altertümlicher Sprache, Volkskunde und Heimatgeschichte, die mit ihren fantastischen Einlagen überraschen. Und gerade das zeichnet die Welt der Sagen aus, dass das Wundersame als Gegebenheit dargestellt ist, als Wirklichkeit, bei der Orte der nächsten Umgebung eine Aura des Übernatürlichen erhalten. Das Absonderliche lauert nicht jenseits der sieben Berge, sondern am Darnsee bei Bramsche. Es ist kein beliebiger tiefer Wald, in dem es nicht mit rechten Dingen zugeht, sondern eine ganz bestimmte Wegekreuzung in der Maiburg. Das Erzählte trug sich eben an der Diele genau jenes Bauern zu, dessen Nachkommen noch heute dort leben. In den Sagen begegnet man dem Seltsamen ganz selbstverständlich. Niemand wundert sich darin über das Können einer Hexe, die gestaltwandlerische Fähigkeit eines Werwolfs oder das Jammern ruheloser Geister. Sagen berichten von einer geglaubten Realität, in der Menschen und übernatürliche Wesen die Welt gemeinsam bewohnen und wo beide meist nur ihren gewöhnlichen Beschäftigungen wie Pflügen, Brot backen oder Wasser schöpfen nachgehen. Wer des Nachts durch die dunklen Wälder oder weiten Moor- und Heidelandschaften zog, der rechnete einfach damit, dass ihm etwas Wundersames geschehen konnte – und war erleichtert, wenn es ausblieb. Dabei kamen die Sagengestalten keineswegs so unbändig und grausam daher, wie uns Kinofilme glauben machen wollen. Meist wurde der einsame Wanderer erschreckt, verwirrt, vielleicht bis zur Haustür verfolgt, mehr nicht. Denn eine erzählte Sage verkündet gleichzeitig, dass ein Schrecken überwunden und das Böse besiegt werden kann. Neben der Furcht vor all dem Fremden und Unbekannten, das unvermittelt in den eigenen, überschaubaren Lebenskreis drängen konnte, motivierte besonders auch die allgegenwärtige Angst vor Hunger, Krankheit und Tod, vor Unwetter und Kriegszügen, vor weltlicher Ungerechtigkeit und göttlicher Strafe viele der sagenhaften Berichte.

Sagen sind keine historischen Quellen, dennoch erlauben sie Hörern und Lesern auf ureigene Art, sich ein greifbares Bild von der Lebenswelt und Weltanschauung der früheren Bewohner z.B. des Osnabrücker Landes zu machen. Und weil sich an vielen Stellen unserer Heimat die geheimnisvolle Atmosphäre jener von Sagen umwobenen Stätten bewahrt hat, sollen die hier aufgeführten Geschichten durchaus auch als Einladung verstanden werden: Besuchen Sie die sagenhaften Orte des Osnabrücker Landes, lassen Sie die alten Sagen wieder lebendig werden – und gehen Sie ruhig zum Teufel. Es lohnt sich.

Matthias Rickling

I.

RIESEN UND ZWERGE

Als Baumeister der im Osnabrücker Land so zahlreich vorkommenden Großsteingräber, so vermutete der Priester und Gelehrte Johann Picardt im Jahre 1660,
kämen nur die „nordischen Riesen aus dem Lande Kanaan" in Betracht. Wer
auch sonst könnte solch übermenschliche Kräfte aufbieten, um jene gewaltigen
Felsblöcke zu bewegen und aufzutürmen? Außer den häufig versteckt gelegenen
Großsteingräbern, die unsere weit entfernten Vorfahren vor etwa 4.000 Jahren
errichteten, bietet die Landschaft weitere unerklärliche, von Geheimnissen umge-
bene Gebilde. Etwa die riesigen, manchmal verzierten Findlinge, einsam ruhende
Seen, plötzliche Erhebungen in den weiten Moor- und Heidegebieten oder von
Höhlen durchzogene Hügel. Da niemand diese unergründlichen Orte zu erklären vermochte, waren die meisten Bewohner der Gegend davon überzeugt, dass
hier in fernen Zeiten mystische Wesen am Werk gewesen sind. Sonderbare Erd-
erhebungen, unter denen man uralte Metallreste fand, oder jene „Heidenpötte",
vorgeschichtliche Urnen also, die beim Pflügen zutage traten und deren Inhalt
man magische Wirkung nachsagte, taten ihr Übriges. Allem Anschein nach war

*Auch die Gelehrten waren davon überzeugt, dass nur Riesen die gewaltigen Groß-
steingräber geschaffen haben konnten.*

das Osnabrücker Land einst die Heimat hünenhafter Riesenmenschen gewesen, denen man manche Naturerscheinung zuschrieb. Die Osnabrückischen Sagen berichten auch von Zwergen, die man hier Sgönaunken nennt. Zahlreiche Mulden, Gräben und Gänge hatten diese kleinwüchsigen Wesen einst auf ihrer rastlosen Suche nach Metall und Erz tief in den Hüggel und die angrenzenden Hügel getrieben, die man sich nicht anders erklären konnte. Vielfach erleichterten sie den Menschen in ihrer Umgebung das Leben. Doch die Zwerge des Osnabrücker Landes traten keineswegs nur als freundliche Hilfsgeister auf, sondern sorgten in ihren tiefgründigen und verzweigten Höhlen für mancherlei Schrecken. Wann die Riesen und Zwerge diese Gegend schließlich verlassen haben, davon berichten die Sagen nicht. Ihre Spuren jedoch, die kann man noch heute finden.

DER GRIMMIGE VISMANN

Unter den sagenhaften Wesen, die das Osnabrücker Land vor Zeiten bevölkerten, spielten die Riesen stets eine besondere Rolle. Es waren Leute von gewaltigem Wuchs und übermenschlicher Kraft, die jedoch im Allgemeinen gutmütig und den Menschen gegenüber freundlich waren. Wenn aber einmal ihr Zorn geweckt worden war, dann zeigten sie sich hemmungslos und unberechenbar. So war es auch bei jenem Riesen, der vor vielen, vielen Jahren in Sundern bei Mimmelage hauste. Er wurde Vismann genannt und stammte aus jener alten Zeit, als die Leute ringsherum noch die alten Götter verehrten. Vismann verfolgte mit wildem Hass alles, was den christlichen Glauben anbelangte. Voll unversöhnlicher Entrüstung entdeckte er eines Tages, dass in Ankum ein neues Gotteshaus zum Himmel wuchs. Grimmig beschloss er, es zu zerstören, sobald es fertig war. Als es nun soweit war, ging er hin und holte sich in Hekese einen der riesigen Steine, die dort zuhauf herumlagen. Als die Gläubigen dann zum ersten Mal feierlich in das neue Gotteshaus einzogen, schleuderte er den gewaltigen Stein auf die Kirche, um sie und die darin versammelten Menschen zu vernichten. Aber eine unsichtbare Macht hemmte den Stein in seinem Fluge. Er stürzte nieder und schlug mit ungeheurer Gewalt auf den Boden. Unter Donnern und Krachen zerbarst die Erde, und der Stein versank in den kochenden Tiefen der Erde. Gurgelnd und brausend quoll das Wasser empor und füllte das unergründliche Loch bis an den Rand. Für seine Freveltat wurde der Riese später an diese Stelle verbannt, wo er jede Nacht ruhelos umherirrt und rumort und jeden zu sich ins Wasser zerrt, der sich an die Ufer seines Reiches wagt. Der Volksmund nannte das Loch „Vismanns Pott".

Die von den Gletschern der Eiszeiten herangetragenen Felsbrocken wurden im Osnabrücker Land zum Spielball sagenhafter Hünen.

Bei Hekese beeindruckt die größte Großsteingrabanlage Nordwestdeutschlands die Menschen noch immer.

ZWEI HÜNEN

Nach der Sage waren in längst vergangenen Zeiten die mächtigen Großsteingräber die Heimat und Wohnstatt von Riesen. Auch bei den Schloopsteenen in
der Heide zu Haltern und den Sundermannsteinen in Gretesch bei Belm lebten
zwei dieser hünenhaften Gestalten. Beide Riesen lebten in guter Nachbarschaft
und besorgten auch das Backen der Brote gemeinsam. Als eines Tages wieder
in Gretesch gebacken werden sollte, standen beide Riesen am Teigtrog und
kneteten eifrig den Teig. Der Hüne zu Gretesch unterbrach für einen kurzen
Augenblick seine Arbeit und richtete sich empor, um ein wenig auszuruhen.
Dabei fasste er mit seinen riesigen Fäusten seine Kleider und rieb sie an seinem
Körper, weil das Ungeziefer ihn allzu arg belästigte. Er rieb und kratzte so ener-
gisch, dass es bis nach Haltern zu hören war und auch von dem dortigen Riesen
vernommen wurde. Dieser war noch in voller Tätigkeit und wenig erbaut über
das Geräusch, denn er nahm an, dass sein Nachbar die Arbeit schon beendet
und soeben den Teigtrog in üblicher Weise mit dem Schräpper gereinigt habe.
Um nicht zu spät in Gretesch zu erscheinen, fasste er kurzentschlossen seinen
Trog und eilte mit der schweren Last in raschen Schritten nach dort. Eine ganz
ähnliche Sage wird auch über die Hünensteine in Wellingen erzählt.

DIE BEIDEN RIESEN

Auch auf dem zwischen Osnabrück und dem Dümmer gelegenen Höhenzug
bei Stemwede, den Stemmer Bergen, und auf den Venner Bergen wohnten einst
zwei Riesen. Die Riesenstraße nach der Wieckenhorst zwischen Hunteburg
und Dielingen soll von ihnen den Namen bekommen haben. Auch diese beiden
Riesen buken ihr Brot gemeinschaftlich, denn sie hatten nur einen Backofen
und einen Teigschräpper. Als nun der Riese, den man Heemann nannte, vom
Venner Berg seinen Teig zu dem Backofen seines Gefährten auf dem Haldemer
Berg in den Stemmer Bergen trug, klopfte er sich unweit Bohmte seine Holz-
schuhe aus, da die Gegend zwischen Stemmshorn und Bohmte sehr sandig ist.
Dadurch entstand ein Sandhügel, Heemanns Hügel genannt. Den Teigschräpper
warfen sie sich immer gegenseitig zu. Einmal misslang jedoch der Wurf und der
Schräpper fiel auf Krons Kamp nieder, auf ein kleines Stück Land, das seither
„Hünenstück" heißt.

DES RIESEN SOHN

Die beiden Riesen, von denen auch erzählt wird, dass sie sich ihren Teigschräpper zuzuwerfen pflegten, wenn sie ihr Brot backen wollten, hatten
Söhne. Von diesen diente einer bei dem Herrn von der Horst zu Haldem im
Amte Wittlage, dessen Gut am Südhang des Stemweder Berges in der heutigen
Gemeinde Stemwede lag. Seine erste Arbeit sollte das Misten sein. Als er nun
die Mistgabel in die Hand bekam, sprach er: „Das ist ja eine Gabel, womit
man die großen Bohnen isst." Er ging also zur Schmiede und ließ sich eine
größere Forke machen. Die war so groß, dass mit jeder vollen Forke gleich ein
Stall voll war. Das gefiel dem Herrn wohl. Nun musste der Riese auch pflügen.
Dabei schob er den Pflug mit der Hand, immer den Pferden auf die Hacken.
Als der Herr von der Horst dies sah, sprach er: „Das ist nicht nötig, die Pferde
sind darum vorgespannt, dass sie ziehen sollen." Der Riese jedoch entgegnete:
„Die Pferde sind nur zum Start da, sonst kann man den Pflug mit einer Hand
gut schieben!" Auch das gefiel dem Gutsherrn sehr wohl. Als es aber an die
Mahlzeit ging, da verdross es den Herrn, dass der Riese nicht für zwei, drei,
vier, sondern so viel wie die ganze Haushaltung aß. Da wollte der Herr ihn
gern wieder los sein und sprach zu seinen Knechten: „Morgen früh sollt ihr
Holz vom Berge holen, ein jeder seine bestimmten Stämme, und wer von euch
der Letzte auf dem Platze ist, der soll fort!" Da der Riese aber ziemlich schläfrig
war, dachten die anderen, ihn im Schlafe betrügen zu können. So fuhren sie
schon in aller Frühe des folgenden Morgens ins Holz. Einige Stunden später
erwachte der Riese und sah, dass die andern Knechte den Hof schon längst verlassen hatten. Da sprang er schnell auf, spannte in Eile die Pferde an und jagte
den andern nach. Als er am Berge ankam, da hatten die andern Knechte ihr
Holz schon gehauen und luden es gerade auf. Der Sohn des Riesen aber ergriff
die Bäume, riss sie aus und warf sie mit Wurzeln und Erde auf den Wagen.
So war er der erste, der sein Fuder voll hatte. Aber als er vom Berge herun-
terkam, konnten es die Pferde nicht mehr ziehen. Da freuten sich die andern
und wollten schon an ihm vorbeijagen. Er aber band kurzerhand die Pferde an
den Füßen zusammen und legte sie quer über den Wagen, steckte den kleinen
Finger ins Deichselloch und zog die Ladung eilig davon. Als er jedoch vor den
Hof kam, konnte das Tor den Wagen nicht fassen, so hoch war er beladen. Da
drang der Riese mit aller Kraft hinein und brachte das ganze Tor mit auf den
Hofplatz. Jetzt war der Gutsherr wieder in Verlegenheit, denn sein Vorhaben
war nicht gelungen. Da versuchte er in Güte mit dem Riesen zu verhandeln,

damit er aus seinem Dienste gehen sollte. Der Riese sprach darauf: „Ich will Dir einen Schlag geben, wenn Du den aushalten kannst, dann will ich gehen." Dem Herrn kam das Beben und Schlottern, aber er dachte: „Du wirst ihn sonst nicht los", und ging es ein. Der Riese gab ihm von hinten einen Schlag, dass er hoch über das Haus hinwegflog. Der Wind aber fing sich in seinem weiten Mantel, sodass er langsam zur Erde kam, ohne Schaden zu nehmen. So wurde er des Riesen entledigt.

RIESENFRAUEN

Die Riesen sind im gesamten Osnabrücker Land beheimatet gewesen und nach den Sagen für so manche merkwürdige Naturgegebenheit verantwortlich. So geschah es auch vor ewigen Zeiten, als die Kirche zu Merzen weit und breit das einzige Gotteshaus war. Von weit her strömten die Menschen herbei, um hier an den sonntäglichen Gottesdiensten teilzunehmen. Zu den Gläubigen gehörten auch einige Riesen und ihre Frauen, deren Kirchweg über Weese führte. Da der Weg im Winter und bei Regenwetter nahezu unpassierbar war, füllten die Riesenfrauen zu den Kirchgängen stets ihre Schürze voll mit Sand, um damit die schlechtesten Stellen auszubessern. Natürlich war der Sand schwer, und deshalb ruhten sich die Frauen kurz vor Weese immer ein Weilchen aus. Als sie eines Tages hier wieder Rast machten, hörten sie plötzlich fernes Glockengeläut aus Merzen. Sie glaubten nichts anderes, als dass sie sich verspätet und der Gottesdienst bereits begonnen habe. In eiliger Hast sprangen sie auf, warfen den Sand aus ihren Schürzen auf einen Haufen, um nun unbeschwert schneller zur Kirche zu kommen. Und dieser Sandhaufen ist noch heute in Weese zu erkennen, man nennt ihn den „Stapelberg".

DE MOORKÖNIG

Auch ganz im Norden des Osnabrücker Landes, dort wo sich weite Moore und undurchdringliche Sümpfe erstrecken, wusste man von einem grauseligen Riesen zu erzählen:

Midden in 'en Moor von Groafell (Grafeld) wohnt de Moorkönig. Dat is 'n gristigen Riesen mit drei Ogen, twei vör de Bregen un ein in 'en Achterkopp. Hei hatt sick dor ganz achter, waor kiener nich hinkomen kann, 'ne gewaltige

Auch heute noch lassen einsame Pfade durch grundlose Moore den Wanderer erschaudern.

Hütten ut Numenwieser (Rohrkolben), Saggen (Seggen), Rüsken (Binsen) un Möhning (Wollgras) bauet, de hei mit den Plüß (Decke) van Waoterplanten taussaumenklewet un äs Dack ower sein Hus leggt hät. Ower Dag schlöppt hei, aower auwends, wenn't schummerig ward, staht hei up un pußet naoh alle Sieten ower dat Moor. Dann springt seine Geister glieks ut den Morast und schewet äs lütke Laternen hen un her. Dann lätt dat van wieden, äs wenn daor Lüe mit Lüchten gaoht.

Wenn du dann in 'en Moor bist, denn bliew up dien Wegg un klabaster nich achter so 'ne falske Laterne her, süß fallst du in 'ne Kuhlen und kummst dod. Un dat wünsket ja de verdummde Moorkönig, hei hät seine Putze (Freude) dran. Du moßt weten, dat düsse Laternken Dwellechter (Irrlichter) sind, de äs Gas ut Sümpfe un Moraste springt un sück bi dat Riewen ansticket un brennet un lüchtet. Dat güwt ock ganz grote Dwellechter, dei so lang sind äs 'n Wesenboom (Wiesen- oder Heubaum) un wiet äs 'ne Wolke henfleiget. De maokt de ganzen Gegend so lecht äs de Maonen (Mond). Up sücke grote Dwellechter ritt de Moorkönig und besocht de ännern Moore und kiekt tau, of daor seine Geister ock flietig sind un veele Lüe in de Kuhlen äuwet (locken).

DIE SGÖNAUNKEN

Im Hüggel, einem Berge zwei Stunden von Osnabrück zwischen den Orten Ohrbeck und Hagen, haben vor langer Zeit Zwerge gewohnt, die man die Sgönaunken oder Sgönunken genannt hat, sie heißen aber auch Hünnerskes und wilde Gesellen. Sie lebten in den tiefen Höhlen des Berges, den Wünnerkesgättern, Wüllekeslöckern oder Wulwekerslöckern, wie man hier sagt. Die Bergleute aus den nahen Gruben nannten die Höhlen auch „wunnerslock", weil sie ein so wunderbares Werk gewesen seien. Außerdem habe man neben den Spuren ehemaliger Bergarbeit dort unten nicht selten Scherben von alten Töpfen gefunden. Und man war davon überzeugt, dass diese Höhlen und Gänge sich noch weit unter dem Berge fort bis gen Osnabrück erstrecken, wo sie bei St. Gertruden wieder ans Tageslicht führen. Der hier befindliche Ausgang soll aber durch eine große Tür verschlossen sein, vor der jetzt sogar noch gewaltige Eisenstangen kreuzweise angebracht sind. Andere sagen auch, dass diese Gänge bis nach Tecklenburg führen. Von den Sgönaunken erzählt man nun, dass sie den Bewohnern der Umgegend allerhand Geräte geschmiedet hätten, nämlich Pflugeisen und Brandroste, die man zum Anlegen des Holzes auf dem

Herd gebrauchte. Besonders werden ihnen die Brandroste zugeschrieben, die auf der einen Seite einen sitzenden Hund als Handhabe zeigen, die deshalb auch Feuerhunde heißen und gewöhnlich dreifüßig sind. Die Sgönaunken haben sich jedoch niemals gezeigt. Daher musste man seine Bestellung auf einen Zettel schreiben und diesen auf einen vor der Höhle stehenden Tisch legen. Wenn man dann am andern Tage wiederkam, so hat das Gerät dagelegen, dabei aber auch ein Zettel, auf dem der Preis geschrieben stand, den man daneben legen musste. Einige behaupten, dass man nur an bestimmten Tagen, namentlich Donnerstag und Sonntag, zur Höhle gehen durfte. Auch ein Wirt aus Hagen wusste noch vor eineinhalb Jahrhunderten zu berichten, dass man in den Gängen mehrere alte Graburnen gefunden hatte. Durch den Gang sei man in einen großen Raum gekommen, wo ein steinerner Tisch auf vier Pfeilern ruhte, auf dem man seine Bestellungen habe niederlegen müssen. Und dahinter habe sich der Gang fortgesetzt und dann zu einer weiteren, noch größeren Höhle geführt. Auf dem Wipperskiel, einer anderen Höhle unter dem Hüggel, wo man ebenfalls noch altes Töpfergeschirr und auch Mauerreste fand, hat man oft Hexen tanzen und von hier ausfahren sehen, weshalb sich furchtsame Leute dort nicht entlang wagen.

HÜGGELMEIERS LOHN

Der Besitzer eines der den Höhlen zunächst gelegenen Höfe hieß der Hüggelmeier. Der hatte einst ein Pflugeisen bei den Sgönaunken bestellt. Am anderen Tage fand er es wie bestellt vor und daneben den Zettel mit der Angabe des Preises. Doch statt der Bezahlung setzte er sich in seinem Übermut auf den Tisch und „makete sin Behoves" (verrichtete seine Notdurft) auf denselben. Dann machte er sich eilig auf seinem schnellen Pferd davon. Und das war sein Glück, denn es kam in der Gestalt eines glühenden Rades oder, wie andere sagen, als ein glühendes Pflugeisen hinter ihm her und rief immer wieder, er solle „wiederkieken" (zurückschauen). Der Hüggelmeier aber folgte dem Ruf nicht und erreichte mit Mühe und Not seinen Hof. Und er war eben unter sein Dach gelangt, da schoss das glühende Eisen in den Torpfosten, in dem die versengte Stelle noch lange sichtbar blieb. Als er aber drinnen war, ließ sich eine Stimme hören, die rief: „Das soll der neunte Hüggelmeier noch entgelten!" Und so ist es auch gekommen, denn den Hüggelmeier und seine Nachkommen hat viel Unglück in der Wirtschaft befallen. Aber jetzt müssen sie auf dem Hüggelhof wohl über den

In den dichten Wäldern der Maiburg errichteten die Menschen der Jungsteinzeit das Großsteingrab „Grumfeld West".

neunten Nachkommen hinaus sein, denn es geht ihnen wieder recht wohl. Nach anderen Erzählungen sei das glühende Eisen hinter dem Hüggelmeier in einen Eichbaum gefahren und habe diesen ganz zunichte gemacht.

HERR VON STAHL

In Sutthausen bei Osnabrück ist einmal ein Herr von Stahl gewesen, der hat am Eingang der Wüllekeslöcker eine Schnur befestigt und ist dann, den Faden in der Hand, hineingegangen. Wie er aber schon tief drinnen gewesen, ist die Schnur zerrissen und er ist lange, ohne einen Ausweg zu finden, in der Höhle umhergeirrt. Schließlich erblickte er einen großen Hund, dem er folgte. So kam er in einen großen und hohen Höhlenraum, in dem Stühle, Bänke, Tische rings an den Wänden umherstanden. Und oben an der Decke hing an einem dünnen Faden ein gewaltiger Eisenstein. In dieser Höhle aber saß eine alte Frau und spann, zu ihren Füßen lagen zwei große schlafende Doggen. Die Alte trat auf ihn zu und warnte ihn, ja leise aufzutreten, dass er die Doggen nicht wecke, sonst würden sie ihn zerreißen. Dann führte sie ihn wieder aus dem Berg hinaus. Aus Dankbarkeit für seine glückliche Errettung schenkte der Herr von Stahl der Kirche zu Hagen zwei Wiesen, weshalb man dort auch allsonntäglich für ihn beten sollte. Andere sagen, er habe, als er so in den Höhlen umherirrte, gelobt, jeden Morgen vor Sonnenaufgang unserm Herrgott zu Füßen zu fallen, und da habe er glücklich den Ausgang gefunden. Noch Andere sagen, er habe gelobt, von jedem Backen, das auf seinem Gut geschehe, den Armen ein Brot zu geben. Das habe ihm geholfen, sodass er glücklich den Ausgang fand, aber sei so lange durch die Höhle geirrt, dass sein Bart ganz struppig geworden war. Es wird auch erzählt, dass sich noch heute in dem Besitz der Familie von Stahl eine silberne Kanne befinden soll, welche ihnen die Sgönaunken geschmiedet haben, und die die Jahreszahl 1500 trägt.

DER JÄGER DES HERRN VON STAHL

Der Wirt Beckmann in Hagen erzählte die Geschichte um die Mitte des 19. Jahrhunderts ein wenig anders. Danach hatte der Herr von Stahl in Sutthausen einen obersten Jäger mit Namen Johann. Der ist einmal auf der Jagd gewesen und hat einen Fuchs verfolgt, der alsbald in die Höhlen gelaufen ist, die Hunde hinter ihm her und dicht darauf der Jäger. Der ist zuerst durch einen langen Gang gekommen, der an einem Zimmer vorüberführte, in dem ein alter Mann mit eisgrauem Haar saß, den Kopf auf die Hand gestützt, als sei er eben über dem Schreiben eingeschlafen. Zu seinen Füßen unter dem Tisch hat aber, gleichfalls schlafend, ein großer Hund gelegen. Als der Jäger darauf weiter ging, ist er in eine große Höhle gekommen, in der eine Dame gesessen hat, zu ihren Füßen zwei große Doggen. Die Frau ist sogleich auf ihn zugetreten und hat ihn gewarnt, sich ja ruhig zu verhalten, damit er die Doggen nicht wecke, sonst würden sie ihn zerreißen. Da ist er bestürzt umgekehrt und lange, lange in der Höhle umhergeirrt, sodass er zuletzt ein Gelübde getan hat, von jedem Backen, das auf dem Hofe seines Herrn geschähe, solle ein Brot den Armen gegeben werden. Das hat ihm geholfen, denn nun ist er glücklich herausgekommen, aber so lange ist er darin herumgeirrt, dass sein Bart ganz lang und struppig geworden war. Als er seinem Herrn gesagt, was ihm begegnet und was er gelobt, ist der sogleich bereit gewesen, das Gelübde zu erfüllen und das sei auch lange so geschehen.

WECHSELBÄLGER

Die Sgönaunken haben auch oft den Leuten der Umgegend ihre Kinder vertauscht und die eigenen an Stelle der geraubten in die Wiege gelegt. Wenn man aber diese Wechselbälger zum Sprechen bringen konnte, dann mussten die Zwerge sie wieder wegholen. So hatten sie auch einmal einer Frau ihr Kind vertauscht. Die Mutter hatte es bald gemerkt, wusste aber nicht, wie sie den Wechselbalg zum Sprechen bringen könnte. Da riet ihr jemand, sie solle Eierschalen aufs Feuer setzen und in ihnen brauen. Das hat sie denn auch getan. Und kaum haben die Schalen über dem Feuer gestanden, so kam dem Kind die Sprache, es erhob sich und rief: „Siebenmal habe ich den Bremer Wald abbrennen sehen, aber solch Brauen habe ich noch nicht gesehen." Und kaum hatte es das gesprochen, lag das eigene Kind der Frau wieder in der Wiege.

ES BEWEGT SICH

Oft sind die Sgönaunken auch, wenn die Leute abends den Brotteig eingesäuert hatten, in der Nacht gekommen und haben ihn geknetet, sodass man am anderen Morgen alles zum Backen bereit fand. Das ist auch mehrmals auf einem

Bauernhofe geschehen; es hat sie aber nie einer zu Gesicht bekommen. Da hat sich eines Abends ein Knecht hinter der Wanne versteckt. Und wie es nun Nacht wurde, sind zwei Sgönaunken gekommen und haben angefangen, den Teig zu kneten. Mitten in ihrer Arbeit machte der Knecht jedoch eine Bewegung, und sogleich rief einer der Zwerge: „Et wegget sik." (Es bewegt sich.) Der andere aber antwortete: „Kett man tau, kett man tau!" (Knet' nur zu!) Als der Knecht das hörte, ist er mit einem Knüppel hervorgesprungen und hat sie fortgejagt. Seitdem sind sie nicht wiedergekommen.

EINE FURCHTBARE STRAFE

Auch war am Steinbrink einmal eine Frau, die nach der Geburt ihres Kindes ausgegangen war, noch ehe sie ihren Kirchgang getan hatte. Da ist sie plötzlich in eine Höhle im Hüggel geführt worden und hat dort Rüden säugen müssen, sodass, als sie wieder herauskam, ihre Brüste so lang geworden waren, dass sie sie über die Schultern hat schlagen können. Bald danach sind die Sgönaunken zu ihr gekommen und haben von ihr zwei Tonnen Butter verlangt. Dabei sagten sie ihr, wenn sie die nicht erhielten, so müsse sie täglich wieder in den Hüggel und Rüden säugen. Da hat sie eilig die verlangte Butter zur Höhle getragen, um nur von der furchtbaren Strafe loszukommen.

BERGMÄNNCHEN

In Iburg sind früher viele Bergmännchen gewesen. Besonders haben sie einem Bauern stets seinen Schimmel gefüttert, sodass er viel prächtiger aussah als die anderen Pferde. Doch kamen sie nur des Nachts, und oft hörte man in stiller Stunde eine Stimme rufen: „Noch 'ne Matte för'n Witten." (Noch eine Lage für den Weißen.) Auf den Spinnrädern des Bauern fehlte niemals der Flachs und sein Brot war immer besser als das seiner Nachbarn. Da nun niemand wusste, wie das zuging, wollte einmal ein Knecht der Sache auf den Grund gehen und legte sich eines Nachts in ein Versteck. Da sah er, wie viele winzige Bergmännchen in zerlumpten Kleidern ins Haus kamen und emsig zu wirtschaften anfingen. Am anderen Morgen erzählte er seinem Herrn, was er gesehen hatte. Der wollte sich den Zwergen dankbar zeigen und legte ihnen des Abends ganz neue Kleider hin. Die waren am nächsten Morgen auch verschwunden, aber

*Für unsere Vorfahren war es kaum vorstellbar, dass nicht übernatürliche Wesen,
sondern gewöhnliche Menschen tonnenschwere Steine auftürmten.*

seitdem sind die Bergmännchen nicht wieder auf den Hof gekommen. Wann die zwergenhaften Sgönaunken das Osnabrücker Land endgültig verlassen haben, weiß niemand genau. Manche vermuten, der Klang der Kirchenglocken habe sie, wie auch die Riesen, vertrieben. Doch ihre verlassenen Stollen, Höhlen und Erdlöcher, in denen sie einst lebten, kann man noch heute überall entdecken.

II

SATANSWERK UND TEUFELSBRUT

Gottseibeiuns, Junker Hinkefuß, Höllenfürst, Leibhaftiger, Kehrwisch, Pferde-
füßiger, der Schwarze oder der Böse – so lauten nur einige der Namen, die der
Volksmund erdachte, um die Verkörperung des Bösen zu benennen. Ebenso viel-
fältig ist auch die Gestalt, mit der uns der Teufel in der Sagenwelt des Osnabrücker
Landes begegnet. Bis zur Einführung des Christentums herrschte der Fürst der

*Ein farbiges Relief an der Fassade des Hotels „Walhalla" zu Osnabrück zeigt den
gehörnten Teufel, der seine Großmutter verhöhnt.*

Hölle uneingeschränkt über das heidnische Land, richtete sich in den dunklen Wäldern ein und vertrieb sich die Zeit an einsamen Bachläufen und menschenleeren Orten, wo riesige „Teufelssteine" von seinem Aufenthalt zeugen. Mit dem Errichten der ersten Kirchen, machten ihm die Bewohner des Landes jedoch sein Reich streitig und forderten ihn heraus. Besonders der Klang der Kirchenglocken machte ihn rasend. In seiner Wut ging er vielerorts daran, den Bau der Gotteshäuser zu vereiteln, ungeweihte Glocken aus den Türmen zu reißen oder die fertigen Kirchen mit Gewalt zu zerstören. Der christliche Glaube erwies sich zwar als stärker, doch mahnen die zahllosen riesigen Felsblöcke in vielen Gemeinden an die unbändige Kraft Satans, der jederzeit wieder emporkommen kann. Seither lauert der verschlagene Hinkefuß nur darauf, sich die Seelen der Bewohner zu erschleichen oder rechtschaffene Menschen mit allerlei Findigkeit in Versuchung zu führen. Häufig verrät ihn nur sein Pferdefuß oder er erscheint als schwarzer Hund mit glühenden Augen oder lässt sich auf einsamen Waldwegen als aufsitzendes Ungeheuer mitschleppen. Manchmal gelang es den Menschen sogar, ihn mit christlichen Zeichen und Gebeten von Haus und Hof zu bannen. Doch war man nie wirklich vor ihm gefeit, da ihm oft gestattet werden musste, sich jedes Jahr um einen Hahnentritt wieder zu nähern.

DIE TEUFELSSTEINE

Nördlich von Laer, fast an der Grenze zum Kirchspiel Glane, liegen auf einem Sandhügel mehrere an- und aufeinander gewälzte Granitblöcke von ungewöhnlicher Größe, die man seit jeher Teufelssteine nennt. Daneben steht ein einzelnes altes Haus, dessen Bewohner noch jetzt im Volke die „Düwels Steener" genannt werden. Bevor diese Steine hier lagen, klagte der Bewohner des Hauses oft und heftig über den langen und schlechten Kirchweg. Ja, seine Klagen gingen nicht selten in Verwünschungen der Kirche selbst über, wegen der er jeden Sonntag den beschwerlichen Gang machen musste. An einem Weihnachtsmorgen, als er wieder seinen Kirchgang antrat, um die Frühmesse zu hören, war es recht böses Wetter, Sturm und Schneegestöber und dabei stockfinster. Der Bauer fluchte bei jedem Schritt und Tritt, und statt Gottes Hilfe rief er in seiner Tollheit den Teufel an. Da stand der Leibhaftige plötzlich bei ihm und fragte freundlich, wohin er wolle und weshalb er so erbost sei und warum er nicht lieber bei Frau und Kind daheim bliebe, wenn ihn der Weg so sehr ärgere? Anfangs gab der Bauer keine Antwort, sondern ging murrend weiter. Zuletzt aber stieß er hervor: „Meine

Seele gäbe ich darum, brauchte ich nicht so weit zur Kirche!" – „Topp", sagte der Teufel, „Deine Seele gehört mir, Deine Seele gehört mir, denn ich baue Dir hier eine Kirche so schnell, als Du es verlangen wirst." – „Ist das Dein Ernst?", fragte der erschrockne Bauer den Schwarzen. „Freilich", erwiderte dieser, „der Handel ist abgeschlossen, bestimme nur die Frist." Als der Bauer sah, dass mit dem Satan nicht gut Kirschen essen war, dachte er durch Bestimmung einer ganz kurzen Frist von dem Handel wieder loszukommen und sagte: „Nun gut, ehe der erste Hahn kräht, muss die Kirche fertig sein." Im nämlichen Augenblick war der Teufel verschwunden und es entstand ein Getöse in der Luft, dass die Erde ringsum erbebte. Legionen unsichtbarer Geister der Unterwelt waren geschäftig. Dicke Kiesel wurden durch die Luft geführt, wie wenn Vögel einen Flocken Wolle zu ihrem Nest bringen. Unsichtbare Hände trugen sie herab zu der Stelle, ordneten sie und verbanden sie zu einem festen Gemäuer. Schon erhob sich das Gewölbe. Nur der Schlussstein fehlte noch, den der Teufel selbst mit Windeseile in der Luft hoch über Laer herbeitrug. Da erfasste den Bauern namenlose Angst. Reuig blickt er zum Himmel und rief: „Gott helfe mir." Und siehe, Gott sandte ihm den Gedanken zur Rettung seiner Seele. Freudig klatscht er in die Hände und schrie aus voller Kehle: „Kikeriki." Diesen Morgengruß trug Gottes Odem, was der Wind ist, hinüber nach Laer und krähend erwiderte ihn der Hahn auf Dreiers Hof am Bach. Als der Teufel dieses hörte, schleuderte er den riesigen Schlussstein wütend aus der Luft herab und er fiel vor Dreiers Türe nieder, wo er noch bis vor einigen Jahren lag, dann aber zum Steinpflaster verbraucht wurde. Die Kirche, welche der Teufel nicht hatte vollenden können, stürzte ebenfalls ein und die Trümmer sind jene Teufelssteine, die noch jetzt auf dem Sandhügel liegen.

DEI BURE UN DEI DÜWEL

Dar was vör Ollers ein verschüldete Bure. Dei wull eine Schüren bauen un hadde nien Geld dartau. Dar quam dei Düwel tau üm un wull üm eine bauen, wenn hei üm seine Seele verschriewen wull. Un sei möken en Verdrag, dat hei üm die Seelen gewen schull, wen dei Schüren vör den ersten Hahnenkraien ferdig wörd. Dei Düwel gink noch in de sielwigen Nacht an't Werk. Hei släpede vull Holt tau hope, timmerde un kleimde un was so iwrig, dat üm dei Schweit an'n Liewe dal löp. As hei awerst dei leste Wand kleimde, dar slög de Bure in dei Hand un fünk jüst an tau kraien äs e'n Hahne. Dei Düwel awerst säe: „Nu merke ick, dat du mie dör dien Kraien bedreigen wust; du häst dei awerst sülwen bedragen, wielen du dei darup verlötest", un hei lachede üm wat ut, dat hei ment hadde, kleucker tau wesen äs dei Düwel. Wenn awer dei eine Hahn krait, so fanget dei ännern ock an. Düt hadde dei Düwel nich bedacht; man dei Bure wüßde't woll un kraiede in einem fort, bit dei Hahnens up sienen Hoawe wack wören un all tau hope an tau kraien fingen. Dao merkede dei Düwel, dat hei üm sienen Laun bedraogen wör, un wörd so dull, dat hei dei Wand weer utstodde. Dei Wand awerst wull van dei Tied an nich fast sitten un föl alltied weer ut, so faken sei ock van nien innesetted wörd.

TEUFELSSTEIN UND GOTTESGERICHT

In Osnabrück, so weiß man sich dort zu erzählen, lebte einst ein Mann, der gar böse und gottlos war. Anstatt in die Kirche zu gehen, wie es einem guten Christenmenschen angemessen ist, saß er lieber mit seinen Brüdern im Weinkeller und zechte auf Gottes Gnade und Barmherzigkeit. So vergingen Jahre in Saus und Braus, bis er krank wurde. Da nun wünschte er sich zu bekehren

Auf den einsamen Höfen in den waldreichen Ausläufern von Wiehengebirge und Teutoburger Wald konnten sagenhafte Geschichten prächtig gedeihen.

und ließ einen Pater kommen. Der redete ihm freundlich zu, so oft er aber einen tollen Streich beichten wollte, dachte er an das verwirrte Gesicht, das dieser oder jener Kumpan dabei gemacht hatte, und musste lachen. Bald kam der Tod, und das Lachen war vorbei. Da er im Dienste von zwei Herren verschied und weder dem einen noch dem anderen angehören konnte, gingen die Patres mit dem Teufel einen Handel ein. Sie einigten sich darauf, dass der Böse die Seele des Verstorbenen haben solle, wenn er einen großen Stein, der vor den Toren von Buer lag, weder bei Tage noch bei Nacht nach Melle brächte. Am folgenden Morgen, als die Dämmerung hereinbrach, hob der Teufel den gewaltigen Steinbrocken auf seinen Rücken und schleppte ihn gegen Melle. Schon war er der Meller Feldmark ganz nahe gekommen, da ging die Sonne auf – der Teufel ward machtlos und hatte verloren. Wütend warf er den Stein ab, in dem sich, wegen der ungeheueren Schwere, der ganze Rücken des Teufels eingedrückt hatte. Fortan hielt man an dem Stein Gottesgericht, wenn ein Mensch als Hexenmeister verdächtigt wurde. Dann lehnte man den Betreffenden mit dem Rücken in die Höhlung. Passte er genau hinein, so hatte er einen Rücken wie der Teufel und wurde verurteilt, passte er nicht, so wurde er freigesprochen.

DER SCHWEDENSTEIN

Im Norden von Ueffeln liegt der größte Findling der Umgebung, „Matthiesings Opferstein" oder auch der „Schwedenstein" genannt. Als die damaligen Dorfbewohner im Jahre 1292 nach Bitte beim Bischof zu Osnabrück mit dem Bau einer Kirche begannen, erschien ihnen während der Arbeit der Teufel. Er wollte wissen, was denn die Menschen dort bauten, und die verschmitzten Ueffelner antworteten ihm, dass es ein Wirtshaus werden solle. Als er aber eines Tages nach Vollendung des Baus kein Wirtshaus, sondern eine Kirche vorfand, war er sehr verärgert und reiste nach Schweden, um mit einem großen Stein den Eingang zur Kirche zu versperren. Dem Teufel war klar, dass er sich beeilen musste, denn mit dem ersten Hahnenschrei würde seine Macht erlöschen. Voller Wut schleuderte er den Stein so weit er konnte, doch bis zur Kirche reichte es nicht. Er fiel in der Nähe des Friedhofes auf einen Acker herab, wo er bis heute liegt.

DER SÜNTELSTEIN

In jenen Tagen, als die erste Kirche zu Venne erbaut wurde, hauste der Teufel im Vehrter Bruch jenseits des Berges, wo der Teigtrog und der Backofen desselben an den schwarzen Ufern der Krietbecke bis auf den heutigen Tag noch zu sehen sind. Dem Teufel missfiel es, dass der Christengott ihm seine Herrschaft in dem an heidnischen Denkmälern so reichen Lande streitig machte und sich in Venne eine Kirche bauen ließ. Da er den Bau nicht hatte verhindern können, wollte er wenigstens die Tür der fertigen Kirche versperren. Also eilte er um die Mitternachtsstunde zum Gattberg, wo im „Steinernen Meer" noch heute über tausend gewaltige Felsblöcke liegen. Den größten von ihnen suchte er sich aus, umzog ihn kreuzweise mit einer Kette und begann, ihn auf dem Rücken nach Venne zu schleppen. Aber seine Last wurde ihm so schwer, dass er trotz seiner riesigen Stärke manchmal stehen bleiben musste, um zu verschnaufen. Dadurch verspätete er sich, denn gerade als er auf der Höhe ankam, schoss von Osten der erste Strahl der aufgehenden Sonne zu ihm herüber und ein Hahn krähte im Venner Tal. Da war die Macht des Schwarzen auf der Oberwelt zu Ende. Wütend fasste er den Felsblock und stieß ihn in die Erde, wo er noch jetzt in ungefähr doppelter

Seit Jahrhunderten fasziniert der gewaltige Süntelstein die Bewohner der Gegend, ▸
die über ihn manch teuflische Geschichte zu berichten wissen.

Mannshöhe aus dem Boden ragt. Von dem gewaltigen Stoß aber hat er dort, wo ihn die Kette umspannte, einen Riss bekommen, der noch deutlich zu sehen ist. Auch sieht man an der nach Venne gelegenen Seite den Abdruck vom Rücken des Teufels, dessen höllische Hitze den Granit geschmolzen hat. Seit jener Zeit dreht sich der Stein jeden Morgen um seine Achse, wenn der erste Sonnenstrahl erscheint. Zum ewigen Andenken an die Rettung der Venner Kirche durch die Sonne, die das nächtliche Walten des Teufels beendete, wird er noch jetzt „Süntelstein" genannt. Und seitdem ihm sein böses Vorhaben misslang, hat der Teufel, so sagt man, diese Gegend verlassen. Der vielfach auch als „Sonnenstein" bezeichnete gewaltige Stein gehört zu den außergewöhnlichsten Findlingen des gesamten nordwestdeutschen Raumes. Vermutlich war er schon vor vielen Jahrhunderten weit über das Osnabrücker Land hinaus bekannt, da er den hier verlaufenden Bremer Heerweg markiert, über den die Händler und Kaufleute zogen. Seinen Namen erhielt er von dem einst als „Süntel" bezeichneten Höhenrücken des Wiehengebirges, was etwa „Gebirgszug im Süden" bedeutete.

DER BUTTERSTEIN

Auf den Höhen des südlichen Wiehengebirges zwischen Belm und Vehrte bilden unterhalb des Gattberggipfels mehr als tausend Findlinge das „Steinerne Meer". Unter ihnen, mit einem geschätzten Gewicht von rund 70 Tonnen, ist ein etwa quadratischer Granitblock der größte, man nennt ihn den „Butterstein". An diesem gewaltigen Findling fanden sich, so wird vermutet, vor etlichen Jahrhunderten die hiesigen Bauern zusammen, um ihr Burgericht zu halten, bei dem nach uraltem Herkommen Angelegenheiten der Allgemeinheit, Verfehlungen und Streitigkeiten verhandelt wurden. Das Burgericht tagte immer unter freiem Himmel, und in der Mitte des Gerichtes lag der Burstein, der in Volkes Mund zum Butterstein wurde. Eine Sage berichtet darüber, wie der gewaltige Findling an diese Stelle gelangte. Vor langer, langer Zeit, als der Teufel drüben auf der Vehrter Egge herrschte, lebte am Gattberge eine arme Bäuerin. Das karge Land, das sie unter viel Mühsal bestellte, reichte eher schlecht als recht dazu, sie zu ernähren. Ihr größter Schatz war eine magere Kuh, die sie sorgsam hütete. Die Milch floss nicht eben üppig, dennoch verstand es die Frau, das Wenige in ein treffliches Stück Butter zu verwandeln. Das gedachte sie nun auf dem Markt in Osnabrück zu verkaufen. Also schlug sie den gelben Batzen in ein Stück gutes Leinen und machte sich alsdann auf den Weg.

Zur gleichen Zeit schickte sich der Teufel an, seinen Helfershelfern ein üppiges Gastmahl zu geben. Einen großen Braten wollte er ansetzen, dazu sollte Kuchen und Gebäck gereicht werden. Nun mangelte es aber an der nötigen Butter, da sie, wie man sich denken kann, in der Wohnstatt des Bösen nur allzu schnell zusammenschmilzt. Um die Butter nun anderweitig zu besorgen, machte sich der Teufel selbst auf die Suche und durchstreifte sein Revier. Da begegnete ihm die Bauersfrau von dem Gattberge. Freundlich bot er ihr die Tageszeit und sie kamen ins Gespräch. In ihrer Sorglosigkeit erkannte sie ihn nicht, denn der Herr der Hölle hatte sich das Aussehen eines Krämers gegeben. Sodann erzählte sie ihm, dass sie ein Stück feinste Butter nach Osnabrück zum Markt brächte, wo sie ein gutes Geschäft erhoffte. Er fragte, ob er sie einmal sehen und probieren dürfe. Da sich die Frau hier eine günstige Gelegenheit erhoffte, den weiten Weg nach Osnabrück zu sparen, gewährte sie ihm die Bitte und nannte ihm auch den Preis der goldgelben Butter. Daraufhin begann der Teufel zu feilschen. Er schnitt ein großes Stück aus der Butterolle heraus und kostete. Um den Preis zu drücken, machte er die Butter schlecht. Es entbrannte ein heftiger Streit und ein Wort gab das andere, denn die Frau fühlte sich in ihrer Bauernehre gekränkt. Zuletzt ergriff sie ihren Stab und hieb auf den Teufel ein. Das aber war dem Pferdefüßigen zu viel. Er geriet in heftigen Zorn und sprach: „Du und deine Butter, ihr sollt ewig verwandelt sein in Stein und ewig auf diesem Berge liegen." So geschah es. Im Laufe der Jahrhunderte verlor der einst goldfarbige Stein seinen Glanz und wurde grau. Dasjenige Stück aber, welches der Teufel gekostet hatte, fehlt an der äußersten Ecke.

DER TEUFEL UND DER SCHUSTER

Das prähistorische Steingräberfeld Giersfeld in Westerholte bei Ankum beeindruckt durch die große Anzahl der hier auf engstem Raum versammelten Großsteingräber. Von den mächtigen, schon vor Jahrtausenden errichteten Totenhäusern geht trotz aller Erkenntnis der Gelehrten noch immer eine geheimnisvolle Ausstrahlung aus, der sich auch der moderne Mensch nicht entziehen kann. Wie erst müssen sie auf die Vorfahren der heutigen Anwohner gewirkt haben, denen weder die Eiszeiten noch die Megalithkultur bekannt waren. In zahlreichen Sagen suchten sie daher die Herkunft der tonnenschweren Steinriesen zu deuten.

Es geschah, als Karl der Große in Aachen das Münster erbaut hatte, dass sich der Teufel aufmachte, um es wieder zu zerstören. Er suchte sich zahlreiche große Steinblöcke, die er in seinen Rockärmel steckte, um sie auf die Kirche des Kaisers zu werfen. Auf seinem Weg nach Aachen begegnete er einem Schuster, den er fragte, wie weit es denn noch zur Kaiserstadt wäre. Der Schuster aber, der Satan an seinem Pferdefuß erkannt hatte, ahnte, dass dieser nichts Gutes im Schilde führte. Er antwortete: „Ach, nach Aachen ist es noch sehr weit. Wenn du dahin willst, musst du noch so viele Schuhe vertreten, als ich hier auf meinem Rücken trage." Das waren aber insgesamt 16 Paar, wie der Teufel schnell erkannte. „Nein", brummte der Teufel da, „dann tue ich es nicht mehr." Und er schüttelte aus seinem Rockärmel die Steinblöcke heraus, die er nach dem Münster hatte werfen wollen. Sie fielen auf das Giersfeld, wo sie noch heute liegen.

DER TEUFEL UND DIE NONNENMÜHLE

Oberhalb der Feldmühle bei Bersenbrück liegt ein Teich, den der Feldmühlenbach durchfließt, um sich dann nach einem guten Stück in die Hase zu ergießen. In uralten Zeiten, als die Ufer des Baches noch mit dichtem Wald bestanden waren, trieben dort der Teufel und andere Spukgestalten ihr gottloses Wesen und vergnügten sich mit dem Wasser. Die Menschen mieden die ganze Gegend aus Furcht vor dem Bösen, der hier auch den Frevel des Amtmanns Sarninghausen strafte. Daher trieb das Wasser des Feldmühlbaches auch nie das Rad einer Mühle an. Erst nachdem Graf Otto und seine Gemahlin das Kloster zu Bersenbrück gestiftet und sich die Zisterzienserinnen niedergelassen hatten, die ihr Leben in Einsamkeit und Stille führten, wurde auch eine Mühle errichtet. Und in das Gewässer des Teufels setzten sie ein Stauwerk. Da der Teufel den Bach aber für sich beanspruchte, geriet dieser in heftigen Zorn. Aber auch den Bauern von Ahausen und Lohbeck, so weiß man bis heute, war das Tun der frommen Frauen wenig recht, fielen doch ihre Felder durch diese Anlage immer wieder in Trockenheit. Gerne wären die tatkräftigen Bauersleute des Nachts hingegangen und hätten das Werk der Nonnen zerschmettert. Einige Male haben sich wirklich ein paar junge und beherzte Burschen hinreißen lassen. Doch kaum hatten sie ihr zerstörerisches Werk begonnen, als auch schon, wie es seine Gewohnheit war, der Fürst der Finsternis erschien. Als er die Burschen bemerkt hatte, ließ er es im Wasser mit aller Macht rumoren, sodass die Menschenkinder ihr Heil in eiligster Flucht fanden. So aber half der Teufel, die Mühle der Nonnen zu erhalten, obwohl er sie ebenso hasste wie die Bauern. Andere erzählen sich, dass der wütende Teufel immer wieder des Nachts das Stauwerk aufgerissen habe, sodass die Müller am anderen Tage nicht mahlen konnten. Erst als die Nonnen einen Pater zu Hilfe riefen, der den Bösen mit einem Kreuze bannte, habe der von seinem Treiben abgelassen. Allerdings musste man ihm zugestehen, dass er sich jedes Jahr um einen Hasensprung wieder nähern dürfe. Und wenn er sie dereinst erreicht hat, geht sie in Flammen auf.

DIE GLOCKEN VON LAER

Gerade erst hatte man in Laer die erste Kirchmesse gefeiert und die jungen Burschen und Mädchen drehten sich in der Schenke im munteren Tanze. Da zog plötzlich ein schweres Gewitter herauf, der Donner grollte und schwefelgelbe Blitze fuhren wie Schlangen über den schwarzen Himmel. Da sah man hoch oben am Turm helle Feuerflammen, und am Schallloch stand mitten im Sturmesbrausen der Böse und schwang die neue Glocke mit mächtiger Gewalt hin und her, denn leichtsinnig hatte man vergessen, sie nach christlichem Brauche zu taufen. Endlich schleuderte sie der Satan hinab in Springmeiers Kolk, der nahen Salzquelle, dass die Fluten desselben schäumten. Die Steine aber, die dabei aus dem Gemäuer fielen, konnten trotz des vorzüglichsten Mörtels und der geschicktesten Meister nicht wieder eingesetzt werden. Da erhob sich überall ein Klagen und Jammern und jedermann schrie, man müsse die Glocke aus dem feuchten Grabe herausholen. Endlich fand sich ein geschickter Taucher, der sich zu dem Wagnis erbot. Er stieg hinab in die Tiefe und vom Grunde stiegen drei schneeweiße Blasen auf, welche dem Volke das Gedeihen seiner Arbeit verkündigten. Aber, oh weh, oben stand am Rande des Teiches ein Weib, das einen Pakt mit dem Bösen gemacht hatte. Starr schaute dieses in die Tiefe des Teiches hinab. Da brauste plötzlich das Gewässer von Blut gerötet in die Höhe und durchbrach mit mächtigen Wellen die Ufer, und alles zitterte, betete und floh davon. Den Taucher aber und auch die Glocke hat nie wieder jemand gesehen. Das Dorf hat später andere Glocken bekommen. Und wenn das Geläut der Kirche von Laer ertönt, dann lässt auch der Teufel die versenkte Glocke erschallen. Ein Fremder mag meinen, ein Echo zu vernehmen. Doch die Bewohner der Gegend wissen es besser. Für sie ruft die große Glocke bis heute: „Aule, kumm baule!" (Alte, komm bald!)

DIE TIEFEN PFUHLE

In der Einsamkeit des Großen Moores zwischen Hunteburg und Vörden, nicht weit von letzterem Ort entfernt, liegen zwei Tümpel, die im Volksmund „de deipen Pöhle" (die tiefen Pfuhle) heißen. Die ernste Stille der umgebenden Landschaft legte sich jedem erdrückend aufs Gemüt und machte glauben, hier läge der Eingang zur höllischen Unterwelt. Und so raunte man sich hinter vorgehaltener Hand zu, dass es in der Tat der Höllenfürst gewesen sei, der hier in grauer Vorzeit sein Spiel getrieben habe. Es war wohl zu jener Zeit, als das Christentum auch in dieser Gegend Verbreitung fand, da stand eines Tages der Teufel am Rande des Moores und blickte aus bösen, verkniffenen Augen nach Vörden hinüber, wo langsam eine Kirche emporwuchs. Hin und her sann der Böse und zermarterte sich den Kopf darüber, wie er es anstellen könne, den Weiterbau des Gotteshauses zu verhindern. Aber ihm fiel nichts Rechtes ein, und so musste er mit ansehen, wie die Kirche fertiggestellt wurde. Einen Fluch aber murmelte er zwischen den Zähnen, als wenige Tage später ein festliches Glockengeläut aus dem neuen Kirchturm übers Moor an seine Ohren drang. Der Ruf der Glocken war ihm über alles verhasst. Und so schmiedete sein satanisches Hirn einen wahrhaft höllischen Plan.

Tiefe Stille lag in der Nacht vor dem Weihnachtsfest über dem verschneiten Dorf. Müde von des Tages Arbeit ruhten die Menschen, als sie plötzlich der gellende Klang der Glocken aus dem Schlaf riss. Erschrocken eilten sie vor ihre Häuser und sahen voll Entsetzen, wie der Leibhaftige hoch oben auf dem Kirchturme hockte und die neuen, noch nicht geweihten Glocken durch die Schalllöcher herausriss. Mit Heulen und Brausen und einem höllischen Triumphgelächter flog er alsdann mit den Glocken durch die klare Winternacht davon und verschwand in der Einsamkeit des Moores. Ob der gelungenen Tat war der Teufel voller wilder Freude. Und wo die weite Ebene des Moores im Lichte des Mondes schimmerte, schleuderte er die Glocken hinab. Krachend zerbarst das Eis und die Glocken versanken in unergründliche Tiefen. Die beiden von den Glocken geschlagenen Löcher aber füllten sich sogleich bis an den Rand mit Wasser.

Die Freude des Teufels sollte jedoch nicht allzu lange währen, denn die Vördener hatten nichts Eiligeres zu tun, als neue Glocken zu gießen und von einem

Auch der „Graue Turm" der Kirche zu Bad Laer soll einst vom Teufel heimgesucht worden sein.

*Kirchenglocken wurden einst als Verbindung zwischen Himmel und Erde emp-
funden, deren Klang die Menschen vor der Macht des Teufels bewahren konnte.*

Geistlichen weihen zu lassen. In ohnmächtiger Wut hörte der Höllenfürst bald die Klänge der neuen Kirchenglocken übers Moor ziehen, denn über sie, die mit dem Zeichen des Kreuzes geweiht waren, hatte er keine Macht mehr. Darum lässt er aber am heiligen Christfest, wenn die Glocken zur Frühmesse läuten, auch seine Glocken in den tiefen Pöhlen erklingen, um die Christen damit zu verhöhnen. Die Kirchgänger, die diese Töne erlauschen, flüstern: „Nu lud de Düwel in den deipen Pöhlen." (Jetzt läutet der Teufel in den tiefen Pfuhlen.)

DER BÖSE AUF UHLENBROCK

Auf Uhlenbrock bei Ostercappeln wohnte in uralter Zeit der Bauer Schnelle. Der stand mit dem Teufel im Bunde und war mit dessen Hilfe zu großem Wohlstand gelangt. Aber der Gehörnte hatte eine Bedingung gestellt. Nach Sonnenuntergang wollte er allein auf dem Hof herrschen, deshalb musste nach dem Dunkelwerden alle Arbeit ruhen. Doch niemand außer Schnelle und seiner Frau wussten von dieser Übereinkunft. Eines Tages nun waren beide nach Ostercappeln zur Kirmes gefahren, die immer ein großes Ereignis war. Vor ihrer Abfahrt jedoch hatten sie den Knechten und Mägden auf das Strengste befohlen, das letzte Fuder Heu, das noch auf dem Felde stand, vor Sonnenuntergang einzufahren. Doch kaum hatten sich die Herrschaften auf den Weg gemacht und waren nicht mehr zu sehen, da ließen die Knechte und Mägde alle Arbeit liegen und feierten zu Hause Kirmes. Bei Spiel und Tanz und gutem Trunk vergingen die Stunden. Erst als sich der Tag neigte, dachte man an die aufgetragene Arbeit. Eilig gingen sie nun ans Werk, doch wollte es nicht recht vonstatten gehen. So schwer wie heute war den Leuten das Aufladen noch nie gefallen, und auch die Pferde kamen nicht von der Stelle. Der Schweiß lief allen in heißen Tropfen von der Stirn, als man endlich mit dem Wagen auf der Diele angelangte. Alle atmeten erleichtert auf. Froh darüber, rief ein Knecht, der als Letzter vom Wagen sprang: „Nun sind wir da!" Doch kaum hatte er gesprochen, da sprang auch der Teufel vom Wagen und antwortete mit heiserem Lachen: „Ich bin auch da!"

Von dieser Zeit an trieb der Böse sein Wesen auf dem Hofe. Zuletzt bannte ihn ein Mönch und zwang ihn durch seine Gebete, das Haus zu verlassen. Aber ganz konnte er ihn nicht vertreiben, denn als großer schwarzer Hund geht er des Nachts in der Nähe des Hauses umher und erschreckt die Leute, die vorübergehen.

DER SCHWARZE HUND

In Limbergen stehen die ältesten Bauernhöfe dicht beieinander, manchmal kaum einen Steinwurf weit voneinander entfernt. Mitten unter ihnen, auf dem Öwenort, befindet sich der Hof Welling, wo sich seit alters die Bauern zusammenfanden. Auf dem Hof stand einst eine dicke Linde, um sie herum war ein Halbkreis aus dicken Findlingen, auf denen die Schöffen und Burrichter über Leben und Tod zu Gericht saßen. Es soll sogar vorgekommen sein, dass Verbrecher an Ort und Stelle gerichtet und an den Ästen der Linde erhängt wurden. Und die Diele des Welling'schen Hofes war so groß und breit, dass ein Gespann mit Pferden und Wagen darauf drehen konnte. Am oberen Ende der Diele befand sich, wie im Osnabrücker Land üblich, die Feuer- und Kochstelle, dahinter eine Steinbank. Um das Feuer herum fanden sich nach des Tages Mühen die Familienangehörigen samt Mägden und Knechten und auch Nachbarn ein, um sich mit Räuber- und Spukgeschichten zu unterhalten. Eines Abends bei Vollmond fiel plötzlich Stroh vom Balken, Forken und Schaufeln fielen um, glühende Kohlestücke flogen durch die Luft und unter der Steinbank lag ein schwarzer Hund mit zwei glühenden Augen. Vor Schreck liefen alle davon und hatten eine unruhige Nacht.

Wie nun nach einigen Tagen das Spektakel erneut passierte, rief der Wellingbauer den Pastor zu Hilfe. Beim nächsten Male kamen die Nachbarn mit einem von vier Pferden gezogenen Schlitten, darauf saß der Priester und hinter ihm lag eine große Tonne. Dem Pastor und den Nachbarn gelang es endlich, mit vielen frommen Sprüchen, den Hund in die Tonne zu locken. Die wollte man nun mit ihrem teuflischen Gefangenen ins Moor bringen. Mit vielen Gebeten und gottgefälligen Gesängen ging die Fahrt los. Aber als der Schlitten in der Nähe des Gutes Limbergen ins Schwanken geriet, da fiel die Tonne um und der Hund verschwand mit Feuer und Getöse.

Nach einigen Tagen war er wieder auf seiner alten Stelle und trieb es noch toller als vorher. Jetzt holte der Bauer gleich zwei Geistliche. Auch die Nachbarn kamen wieder, dieses Mal mit einem Karren voller Mist und Dreck. Mit vielen Bittgebeten und reichlich Weihrauch gelang es abermals den Hund in die Tonne zu locken und die Kirchenmänner beschworen den Teufel fortzubleiben. Alle Anwesenden mussten hinter dem Wagen herlaufen und durften nicht zurückschauen. So ging die Fahrt bis in das moorige Gebiet des Freßholtes. An einer sehr sumpfigen Stelle kam der Wagen wieder ins Schwanken, die Tonne mit dem Hund fiel vom Wagen, es entstand ein Höllenlärm und der Teufel fuhr heulend in die moorige Tiefe. Sofort bildete sich an jener Stelle eine tiefe Kuhle, die noch lange nachher zu sehen und als Gertrudskolk bekannt war. Als alle noch erschrocken herumstanden, brüllte der Teufel aus der Tiefe: „Ich komme doch zu euch zurück!" Da beschworen ihn die Diener Gottes aufs Neue. Der Schwarze aber wollte auf jeden Fall auf Wellings Hof zurück. Man versprach ihm dann, dass er in jedem Jahr einen Hahnenschritt weit zurückkommen dürfe. Und so kriecht der Teufel jedes Jahr in der Neujahrsnacht um einen Hahnenschritt weiter vor. Er soll jetzt in der Nähe von Kolcker angelangt sein, wo er unter den Eichen seinen Schabernack treibt, weshalb dort in der Silvesternacht niemand geht. Vor langer Zeit, wohl in der Mitte des 18. Jahrhunderts, haben schließlich fromme Leute ein Kreuz errichtet. Es steht oberhalb des tiefen Weges auf dem Limberger Esch, weshalb der Teufel den Welling'schen Hof wohl nie erreichen wird.

DER HOLENKERL

Auch die Maiburg, ein weitläufiges Waldgebiet südlich der Ortschaft Bippen, ist reich an Zeugnissen aus heidnischer Zeit. Zahlreiche riesige Felsbrocken wie der „Opferstein", der „Teufelsstein" oder „Düvels Brotschapp" (Teufels Brotschrank) markieren uralte Kultstätten, an denen sich die Bewohner vermutlich einst auch zu Maifesten zusammenfanden. Als dann das Christentum Einzug hielt, wurden diese heidnischen Orte verteufelt. Seither markieren die teuflischen Findlinge den Bannbereich des Holenkerls, von dem die älteren Bewohner der Umgebung noch heute manche Geschichte zu erzählen wissen. Denn der Holenkerl war niemand anderes als der Teufel, der hier, bald als Hüne, bald als Zwerg, sein Unwesen trieb und nächtliche Wanderer in Schrecken versetzte. Und packt diese dann die Angst und sie wenden sich zur Flucht, dann sitzt ihnen gleich der Holenkerl im Nacken und drückt und quält sie als schwere Last und gibt sie erst an der Grenze seines Gebietes wieder frei.

Dies widerfuhr auch dem alten Kremer, einem tüchtigen Wirtsmann aus Bippen, der nie an das Treiben des Bösen glauben wollte und schon oft über den Bewohner des Holenberges nahe Klein Bokern gespottet hatte. Doch dann führte ihn eines späten Abends sein Weg am Reich des Holenkerls vorbei. Da er schon einen langen Tagesmarsch hinter sich hatte, setzte er sich auf einen Stein am Wegesrand, um ein wenig auszuruhen. Auch wollte er seine Pfeife, die er eben ausgeraucht hatte, wieder neu bestücken. So stopfte er sie neu und holte sein Feuerzeug aus der Tasche. Gerade als er damit Feuer schlug, fühlte er plötzlich, wie ihm jemand auf den Rücken sprang und sich zwei starke Arme fest um seinen Hals legten. Entsetzt sprang der Alte auf und lief, so schnell ihn seine müden Beine tragen wollten. Doch die teuflische Last blieb und drückte ihn schier zu Boden. Und um den Hals drückte es so arg, dass ihm fast die Kehle zugeschnürt wurde. Schon drohte der arme Wirt zusammenzubrechen, als er in der Ferne einer Lichtung gewahr wurde. Noch einmal raffte er sich auf und gelangte vor Schweiß triefend aus dem Wald ins Freie. Sofort hörte der Spuk auf, denn hier hatte das Reich des Holenkerls sein Ende und er musste von seinem Opfer ablassen. Zitternd und bebend wegen des ausgestandenen Schreckens gelangte der erschöpfte Wirtsmann erst spät in der Nacht nach Hause. Am anderen Morgen fanden fromme Kirchgänger seine Pfeife und sein Feuerzeug und überbrachten ihm beides. Der Wirt aber mied fortan den Holenberg wie die Pest und hat sich auch nie wieder über dessen teuflischen Bewohner lustig gemacht.

Die Sage von aufsitzenden Kreaturen wie dem Holenkerl ist im ganzen Osnabrücker Land und weit darüber hinaus sehr verbreitet. So wird sie nicht nur in Klein Bokern, sondern auch in Ankum, Restrup, Dalum, Aslage und anderen Orten erzählt.

MARKENFREVEL

Vor Jahrhunderten waren an den gemeinschaftlichen Ländereien nur jene Bauern beteiligt, die sich in einer Markgenossenschaft zusammengeschlossen hatten. Neusiedler und Heuerleute waren daran nicht berechtigt. Dies sorgte bei den Nichtberechtigten immer wieder für Missfallen und manche suchten auf eigene Faust, einen Anteil am Reichtum der Marken zu erhalten. So geschah es auch in der Mark bei Voltlage, die sich durch einen reichen Waldbestand auszeichnete. Eines Nachts zogen drei Heuerleute aus der Umgebung aus, um sich ein gutes Quantum an Holz zu schlagen. Es war eine helle Vollmondnacht, in der alles gut zu erkennen war. Eifrig machten sich die Männer daran, eine starke Buche zu fällen. So waren sie wohl schon eine Stunde an der Arbeit, als sie plötzlich bemerkten, dass sie einen vierten Genossen bekommen hatten, der mit seiner blitzenden Axt kräftig auf den Stamm losschlug, dass die Späne nur so flogen. Nun sahen sie sich ihren freiwilligen Gehilfen näher an und stellten mit heimlichem Grausen fest, dass er einen Pferdefuß besaß, und dass aus seinem schwarzen Haarschopf zwei kleine Hörner wuchsen. Da wussten sie, mit wem sie es zu tun hatten und machten sich eiligst davon.

III

DRACHE, WERWOLF, WILDER JÄGER

Wenn der Wind die Bäume neigt und Wolkenfetzen das Mondlicht flackern lassen, wenn es draußen johlt und jammert, das alte Gebälk ächzt und stöhnt und alles rasselt, dann zieht die Wilde Jagd durch die Lüfte. Vor allem in den Raunächten zwischen Weihnachten und dem Dreikönigstag wurde auch im Osnabrücker Land das germanische Heidentum wieder lebendig. Waren es einst Wodan oder Odin, die den Zug der unglücklichen Seelen anführten, so stand später der wilde Jäger an der Spitze des fürchterlichen Heeres. Auch wenn die Wilde Jagd zumeist schadlos vorüberzog, so war man stets gut beraten, Fenster, Türen und Tore fest zu verschließen und sich im Gebet zu sammeln. Wer aber dem ziehenden Heer spottete, dem war mancher Schaden gewiss. Konnte jedoch ein Mensch seine Neugierde nicht zügeln, dann geschah es, dass er mitgerissen wurde und bis zu seiner Erlösung mitziehen musste. Neben dem sturmbrausenden Joe- oder Joljäger, wie man ihn hier nennt, tummeln sich in den Sagen des

Vor der Wilden Jagd, die durch winterliche Nächte brauste, war man nur hinter Tür und Tor gefeit.

Osnabrücker Landes auch noch andere Kreaturen, die ihren Ursprung in den Mythen der alten Welt haben. Es sind jene Wesen, die seit Anbeginn und in allen Kulturen die Fantasie der Menschen beflügelt haben. Da gibt es gräuliche Drachen, denen zur Beschwichtigung Jungfrauen geopfert werden, von haarigen Wasserwesen ist die Rede und auch von Gestaltwandlern, die sich mittels magischer Gürtel in Werwölfe verwandeln können.

DIE WILDE JAGD

Auf der Straße von Bippen nach Ankum liegt dort, wo die Bippener Marken aufhören, die „bunte Brücke". In der Nähe dieser Brücke, auf dem Junkerknapp, wohnte vor Zeiten der Junker Hacke, der große Besitzungen in der Umgebung sein Eigen nannte. Die Stelle, wo einst seine Mühle stand, heißt noch heute „die alte Mühle" und die nahe Wiese „Hackendieck" war der ehemalige Mühlenteich. Junker Hacke war ein überaus eifriger Jäger, den man selten in seinem Hause antraf. Ließ er sich dort blicken, zogen sich seine Leute ängstlich vor ihm zurück, denn keiner hatte gern mit dem gottlosen Gesellen zu tun, bei dem das Fluchen und Schimpfen kein Ende nahm. Wie freundlich auch immer seine gute Frau ihn zu Hause empfing, so brachte sie ihn doch nicht von seinem Tun und Treiben ab. All ihre Mühen waren bislang vergebens gewesen.

Einmal, als er gerade zu Hause weilte, suchte sie ihn zu überreden, mit ihr die Kirche in Bippen zu besuchen, weil es doch Weihnachten war. Und wirklich war er bereit, sie zu begleiten. Die Büchse hing schon an der Wand und er musste nur noch den Jagdrock gegen einen anderen tauschen. Das aber gewahrte der pferdefüßige Verderber und der dachte bei sich: „Jetzt ist's Zeit, sonst geht dir der Pfaff' mit dem schönen Bissen durch, und ich hab' das Nachsehen." Geschwind zog er sich ein Hasenfell über und schaute beim Junker Hacke zum Hühnerloch hinein. Den Hasen sehen und sein gutes Vorhaben zu vergessen war eins bei dem wilden Jäger. Schnell ergriff er die Büchse und rief zu seiner Frau: „Erst will ik den Hoasen hebben." Seine Frau hielt ihn zurück und warnte ihn, dass es eine Sünde sei, am Weihnachtsmorgen zu jagen. Aber der Junker riss sich heftig los und schrie ihr zu: „Un schöll ik bit taum jüngsten Doage dor achter laupen, ik will den Düwel häbben." (Und sollt' ich bis zum jüngsten Tag da hinterher laufen, den Teufel will ich haben.) Und er stürmte mit seiner Hundemeute dem Hasen hinterher. Der Teufel in Hasengestalt aber hob sich bald in die Lüfte, der Jäger mit seinen Hunden hinter ihm her und verschwand mit dem Wind und den Wolken.

Der Ausruf des Junkers wurde zur Wahrheit – noch heute zieht er als Joejäger in dunklen Nächten mit lautem Hallo und Hundegeläut über Hügel, Schluchten, Wälder und Felder. Und die Wilde Jagd wird fortdauern bis zum jüngsten Tage, immer hinter dem Hasen her, ohne ihn je zu erjagen. Alle sieben Jahre aber, besonders zur Zeit der Winterstürme, lässt sich das Tosen und Treiben der Wilden Jagd auch in der Nähe der menschlichen Wohnungen vernehmen.

DIE GABE DES JOEJÄGERS

Und so glaubten unsere Vorfahren fest daran, dass, wenn wilde Stürme über die stillen Fluren brausten, die Wilde Jagd unterwegs war. Dann war es besser, Fenster und Türen fest geschlossen zu halten und den wilden Jäger nicht herauszufordern. Mit ihm war nicht zu spaßen, denn er konnte Unvorsichtigen argen Kummer bescheren. Und so erzählt man sich im Osnabrücker Land die Geschichte von der Gabe des Joejägers.

Es war vor etlichen hundert Jahren in einer finsteren Nacht. Der Knecht des Hofes schlief in der Kammer über dem Pferdestall, der sogenannten Kloppenburg, als er über sich in der Luft einen gewaltigen Sturm und Geprassel vernahm und dazwischen gewaltige Jagdrufe und das gierige Gebell einer Hundemeute. Da war ihm klar, dass die Wilde Jagd, die man hier Joejagd nennt, vorüberzog. Neugierig und voller Übermut öffnete er das Fenster und rief in die Nacht hinaus: „För mi auk met!" (Für mich auch mit!), womit er einen Anteil an der Beute des wilden Jägers einforderte. Kaum hatte er die Worte gesprochen, da fuhr ein dunkler Gegenstand blitzschnell durch das geöffnete Fenster in seine Kammer. Doch da es dunkel war, konnte er ihn nicht erkennen. Auch sah er nicht, wohin er gefallen war. Voller Grausen warf er das Fenster zu und verbrachte die ganze Nacht schlaflos bis zum anderen Morgen. Als aber die Dämmerung des Tages anbrach, da sah er auf dem Bett einen schwarzen, blutigen Fleischklumpen – eine abgehauene Mohrenhand. Das war der verlangte Anteil an der Beute des wilden Jägers. Voll Entsetzen warf der Knecht das schreckliche Ding zum Fenster hinaus, aber sogleich kehrte es wieder. Was man auch anstellen mochte, man konnte sich der schwarzen Hand nicht entledigen, und seit dieser Zeit waren Krankheit und Unglück im Hause. Ganze Geschlechter starben aus und Fremde kamen auf die Stätte. Aber auch sie standen unter dem Fluch der schwarzen Hand. Und jedes Mal, wenn die Hand sich rührte, musste wieder einer im Hause sterben. So sagt man noch heute, wenn wieder ein Sterbefall vorgefallen war: *„De swarte Hand* *häww sick we'er röget."* (Die schwarze Hand hat sich wieder geregt.) Auch duldete die Mohrenhand nicht, dass am Sonnabend in dem Hause gesponnen wurde, weshalb dies bis in die neueste Zeit unterblieb. Einst wollte eine Magd es dennoch versuchen und setzte sich mit dem Spinnrad in den großen Braubottich. Aber auch hier erschien die schwarze Hand und vertrieb die heimliche Spinnerin.

Das Gedicht
von der Mohrenhand

Der wilde Jäger zieht am Waldessaum
mit tobender Schar hoch durch der Lüfte Raum.

Am Fenster steht der Bauer und hört die Jagd
und ruft mit Spott hinaus in die stürmische Nacht:

„Viel Glück, du höllisches Geisterheer, viel Glück!
Erlegt auf eurer Fahrt auch mir ein Stück!"

Da saust es blitzschnell neben den Bauern hin:
„Da ist", so tönts, „des frechen Spötters Gewinn!"

Und als der Bauer sich schnell umgewandt,
erkennt er eine blutige Mohrenhand.

Entsetzen fasst ihn nun, den kecken Mann,
der nimmer die Hand vom Hof verbannen kann.

Wohin er auch sie schafft, sie kehret zurück,
bald warnend, bald verkündend Trauer, bald Glück.

JOSEF CRONE

SÜNDIGES SPINNEN

Auch an manch anderen Orten des Osnabrücker Landes, wie beispielsweise in Hasbergen, ist das abendliche Spinnen vor Sonn- und Feiertagen untersagt. Einst aber saß eine Magd am Abend vor Lichtmess noch lange nach Sonnenuntergang in der Stube und spann. Da tat sich plötzlich das Fenster auf, ein ungeheurer nackter Arm fasste herein und eine fürchterliche Stimme rief: „O du Lechmessenaumdmaget, bekläe mi düssen nakelten Arm!" (O du Lichtmessabend-Magd, bekleide mir diesen nackten Arm!) Danach hing das neu gesponnene Garn völlig zerfetzt auf der Haspel.

Ähnliches soll sich ereignen, so wussten es die Ältesten zu erzählen, wenn die Mädchen zu Sutthausen allzu lange in den Spinnstuben sitzen bleiben und schwatzen. Wenn die Mitternachtsstunde vom Sonnabend zum Sonntag herankommt, wo alles ruhen soll, dann erhebt sich auf einmal ein furchtbarer Sturm. Ungewitter grollt durch die Lüfte und plötzlich springt auch hier ein Fenster auf, worauf sich ein großer behaarter Arm ins Zimmer reckt und eine furchtbare Stimme ruft: „Seht, diesen bloßen Arm deckt sündlich gesponnenes Garn!" Da legen dann alle schnell die Arbeit beiseite und eilen nach Hause.

Und auch in der Gegend von Leeden haben einmal die Mägde des Sonnabends noch lange nach Sonnenuntergang beisammen gesessen und gesponnen. Da hat sich auf einmal das Fenster aufgetan, ein ungeheurer nackter Arm hat hereingefasst und eine Stimme hat laut gerufen: „Wer am Samstagabend spinnt, muss den nackten Arm bekleiden!"

DAS PFERD DES WILDEN JÄGERS

Ein Bauer, welcher des Nachts in der Nähe von Osnabrück über einen Berg ging, hörte vor sich ein lautes Hallo-Rufen. Er meinte, es sei ein Wanderer, der sich verirrt habe und um Hilfe rufe. In dieser Meinung antwortete er: „Gleich!" Doch er wusste nicht, dass der Ruf vom wilden Jäger kam und hatte sich damit die Wilde Jagd auf den Hals geladen. Denn kaum hatte er das Wort gesprochen, da meinte er, dass ihm ein Pferd die Vorderfüße von hinten auf die Schultern legte. Und so viel er auch bat und sich sträubte, er konnte die Last nicht loswerden und musste sie über den ganzen Berg tragen.

Einst wie jetzt vermag die knorrige Gestalt betagter Bäume die Fantasie der Menschen zu beflügeln.

DER BAUER UND DIE WILDE JAGD

In der Gegend von Basum im Osnabrückischen, so erzählt man sich, hat einmal ein Bauer am Christabend die große Tür an der Diele offen gelassen. Da legte sich die ganze Wilde Jagd auf die Schwelle, und der Joejäger sagte, er wolle nicht eher fortgehen, als bis man ihm ein Brot herausbringe. Der Bauer kam dem Verlangen nach, um ihn nur los zu werden. Aber damit nicht genug, der wilde Jäger verlangte zudem, dass man ihm jedes Jahr um dieselbe Zeit an einer bestimmten Stelle im nahen Holze einen Laib Brot hinlege. Und dies sei, so weiß man bestimmt, auch viele Jahre geschehen.

In Restrup hörte ein anderer Bauer just in dem Moment das Brausen der Wilden Jagd über seinen Hof ziehen, als er einige Schüsseln mit dicker Milch auf die Diele seines Hauses setzte. Gleich darauf sprangen die großen Hunde des wilden Jägers über die unterste Tür des großen Einfahrttores, um sich an der Milch gütlich zu tun. Sehen konnte man sie nicht, aber das Schlürfen und Schlampfen war deutlich zu vernehmen. Nach kurzer Zeit entfernten sich die Unholde wie sie gekommen waren, um dann mit freudigem Gebell wieder in Wind und Wolken zu verschwinden.

DER SCHIMMELREITER

Selbst lange nachdem sich die Bewohner des Osnabrücker Landes dem Christentum zugewandt hatten, geisterte der alte Germanengott Wodan als wilder Jäger durch die Erzählungen und sorgte als unheimlicher Schimmelreiter für nächtlichen Schrecken.

In Kalkriese war man davon überzeugt, dass Sigismund, ein Ahnherr derer von Baer, in besonders hellen Vollmondnächten in der Nähe des alten Erbbegräbnisses der Familie als Schimmelreiter spuke. Vor etlichen Jahren geschah es dann, dass einige Bewohner des Kirchspiels Engter in fröhlicher Runde beieinander saßen und sich beim Trunke diese Spukgeschichte erzählten. In ihrer Laune beschlossen sie, der Sache auf den Grund zu gehen und den Schimmelreiter herauszurufen. Also machten sich die vergnügten Burschen auf den Weg zum Erbbegräbnis, das damals noch von hohen Fichten umgeben war und besonders bei Vollmond recht unheimlich wirkte. Während die trunkene Truppe durch den Wald zog und sich dabei mit lautem Krakeelen Mut machte, fasste einer der anderen Zuhörer einen Plan. Schnell lief er zu einem bekannten Bauern, um sich dessen Schimmel zu leihen. Dann hängte er sich ein weißes Bettlaken um, verhüllte auch seinen Kopf mit einem Tuch und erreichte über einen Umweg noch vor der grölenden Schar den Ort des Spukes. Als einer der lauten Gesellschaft sich endlich ein Herz fasste und hell in den finsteren Wald rief: „Sigismund, kumm herut, wenn du Mut häßt!" (Sigismund, komm heraus, wenn du Mut hast!), kam der Reiter mit lautem Hufgeklapper und flatternden Tüchern die Schlucht herabgeritten. Die plötzlich nüchtern gewordene Kumpanei zerstob in alle Richtungen. Der Rufer jedoch, so wird berichtet, sei bald darauf für sein ferneres Leben unheilbar erkrankt.

DE DRAKE

Zu den vielfältigen Gestalten, die dem Höllenfürsten diensteifrig zur Seite standen, zählten nach dem Glauben unserer Vorfahren besonders die Drachen und Lindwürmer. Auch im Osnabrücker Land weiß der Volksmund von ihnen zu berichten.

Brämme to Lechtingen arbeetet es up sinen Feilde. Do kümmt en Drake annefluogen, bürt em up un flügt met em wiit üober Land un Water. Ant leste es he buaben en graut Water is, segt de Drake: „Brämme siegne di!" (segne, bekreuzige dich!) Do segt Brämme: „Nei, dat doe ick nich." Do segt de Drake wier: „Brämme siegne di!" – „Ick doe et nu nich", segt Brämme. Do segt de Drake ton drüdden maule: „Brämme siegne di!" Do segt Brämme: „Ick hebbe et di oll twe maul seggt, ick doe et nich." Denn wenn he sick siegenet hadde, harre de Drake em fallen lauten most un Brämme wör in dat graute Water fallen un gewisse verdrunken. Dorümme döh he et nich, un de Drake, as he seige, dat Brämme enen sturen Kopp hadde, moste em wiir hen bringen, war he en kriegen harre un konne en nix Lees (Leids) andon.

In Sandstein gehauen wacht der gepanzerte Drachentöter und Erzengel Michael ▶
über den Marktplatz zu Ankum.

DER DRACHENTÖTER

Auch in der Bauerschaft Wehdel bei Badbergen lebte in längst vergangenen Tagen in dem Wasser am heiligen Damm ein schreckliches Ungeheuer, dem alle Jahre ein junger Mensch geopfert werden musste. Als nun die Reihe an den Kolon Meyer zu Wehdel kam, hatte der nur eine einzige Tochter, die mit dem jungen Bauern Jellmann verlobt war. Und wie der von dem fürchterlichen Schicksal hörte, das seiner Braut drohte, erklärte er sich sofort bereit, den Kampf mit dem Ungeheuer aufzunehmen. Jellmann war schon von mancher Kriegsfahrt glücklich heimgekehrt, und so hoffte er, dass er auch diesen Kampf bestehen werde. Der junge Bauer bewaffnete sich sodann mit seinem Schwert und mit einem starken und fünf Ellen langen Speer, der ihm im Streit schon manch guten Dienst getan hatte. Dann warf er dicke Pechkugeln auf das dunkle Wasser, um dadurch das Ungeheuer aus seinem Versteck hervorzulocken. Der Plan glückte, denn kaum sah das Untier vom Grund des Gewässers aus etwas oben auf der Obefläche schwimmen, so schoss es aus der Tiefe hervor und schnappte nach den Kugeln. Da aber erblickte der Drache auch den Menschen am Ufer. Schnell schwamm das Ungeheuer auf ihn zu. Schon fasste der Lindwurm mit seinen kurzen, kralligen Füssen den Erdboden. Diesen Augenblick nahm der junge Jellmann wahr und stieß dem mächtigen Untier seinen langen Speer tief in den Rachen hinein. Dann griff er zu seinem Schwerte, um dem Geschöpf den Garaus zu machen. Da sah er, wie der Drache sich aufbäumte und ebenso schnell wieder in die aufgewühlten Fluten zurücksank, wie er hervorgekommen war. Und seitdem wurde das Monstrum nie wieder gesehen.

Der junge Jellmann aber hat später die Tochter vom Meyerhof geheiratet und damit auch den Namen des Hofes angenommen. Bis heute erinnert das Bild eines Drachentöters auf dem Siegel der evangelischen Kirche zu Badbergen an seine Heldentat, denn hier soll nach der Überlieferung nicht das Leben des hl. Georg, sondern eben die Erinnerung an jene Heldentat des jungen Bauern Jellmann wachgehalten werden.

DIE DRACHENKUHLE

Im Osnabrücker Land scheint das nördlich gelegene Artland eine besondere Anziehungskraft auf Drachen ausgeübt zu haben. Nirgendwo anders wurden jene eigenartigen Wesen so häufig in Bauernmöbeln, Fachwerkgiebeln und sogar im Kirchgestühl verewigt. Heute ist man stolz auf die Artländer Drachen und nahm sie sogar im Wappen auf. Doch einst sorgten sie weithin für Angst und Schrecken. So auch in der Bauerschaft Wohld bei Quakenbrück, wo es in früheren Zeiten ein großes, heimtückisches Sumpfgebiet gab, das von der Liensbecke gespeist wurde. Moorkuhlen, Schlammlöcher und Wasserlachen kennzeichneten diesen unwirtlichen Landstrich. Die größte dieser mit schmutzigbraunem Wasser angefüllten Moorkuhlen war die Lienskuhle, die sich unweit des Hofes Gieske befand. Hier war der Schlupfwinkel eines gräulichen Drachens, der das ganze umliegende Land beherrschte und mit Schrecken erfüllte. Kein Mensch durfte es wagen, an der Lienskuhle vorüberzugehen, weil das Ungeheuer dort ständig auf der Lauer lag und jeden zu sich hinunterriss, dessen er nur habhaft werden konnte. Am schwersten aber bedrückte die Bewohner der Umgebung, dass sie gezwungen waren, dem Untier jährlich eine Jungfrau als lebendes Opfer darzubringen, um größeres Unheil abzuwenden, das der Drache ihnen hätte zufügen können. Wohl über Jahrhunderte trieb das furchtbare Ungeheuer im Wohld sein Unwesen. Ob es schließlich fortzog, um sich eine neue Bleibe zu suchen, ob es starb oder von einem mutigen, unerschrockenen Helden, dessen Namen nicht mehr bekannt ist, getötet wurde, weiß niemand. Aber durch alle Zeiten mieden die Menschen auch weiterhin die unheimliche Lienskuhle. Erst als sie gegen Ende des vorvergangenen Jahrhunderts zugeschüttet wurde, gerieten sie und der bösartige Drache allmählich in Vergessenheit.

DER WERWOLF UND DER VOGT

In Wellmanns Kotten zu Natrup im Kirchspiel Hagen lebte ein Bauer namens Johann, der sich mittels eines ledernen Gürtels in einen Werwolf verwandeln konnte. Dann trieb er sich in veränderter Gestalt im Heidhorn und auf dem Heidberge herum, um von dort herab auf die benachbarten Weiden zu gelangen, wo er Kühe und Rinder verschlang. Wenn er nach Hause zurückgekehrt war, gab er seinen Raub wieder von sich und bereitete Hackelduhnen daraus, ein gehacktes Fleischgericht. Eines Tages hatte er gerade wieder seinen Gürtel umgespannt und war schon im Begriff ein junges Rind zu rauben, als ihm seine Frau zurief: „Jan, süh tau, wat du döst, et sind Wellmes Köhe!" (Jan, pass auf was du tust, das sind Wellmanns Kühe!) Diese Worte sind seitdem in Hagen zum Sprichwort geworden, wenn jemand etwas unternimmt, was nicht rechtens ist. Doch zuletzt trieb Johann seine Räubereien so arg, dass Verdacht gegen ihn entstand und deshalb eine Anzeige beim Amte Iburg erfolgte. Der Vogt, der nun zur Untersuchung der Sache nach Natrup gesandt wurde, fand den Bauern nicht in seinem Hause und konnte auch nicht erfahren, wo er sich aufhalte. Der Zauberriemen aber hing an der Wand in der Wohnstube. Von Neugierde getrieben, umgürtete sich der Vogt damit, worauf er sich sofort in einen Werwolf verwandelte und wütend davon rannte. Aber, o weh, er kannte nicht den Spruch, mit dem er die menschliche Gestalt zurückerhalten konnte. So läuft er in dortiger Gegend noch bis auf den heutigen Tag herum, als Werwolf.

DER FOHLENFRESSER

Einen Gürtel von selbiger Zauberkraft hatte auch ein Knecht, der sich auf einem Bauernhof in Glane bei Iburg verdingte. Eines Morgens war er gemeinsam mit einem Mietknecht von seinem Herrn in die Wiese geschickt worden, um zu mähen. Als es jedoch sehr heiß wurde, legten sich die beiden in den Schatten eines Baumes schlafen. Nach einiger Zeit erhob sich der eine leise in dem Glauben, der andere schlafe fest, umgürtete sich mit dem magischen Riemen und verwandelte sich alsgleich in einen Werwolf. In dieser Gestalt fuhr er unter die Pferde seines Bauern, die auf einer nahen Wiese grasten, und verschlang ein halbjähriges Fohlen. Darauf nahm er wieder seine menschliche Gestalt an, legte sich leise wieder hin und fing an zu schnarchen. Der andere Knecht aber hatte alles mit halb geöffneten Augen gesehen und aus Angst so getan, als ob er schliefe. Unterdessen war die Zeit für das Mittagessen herangerückt und der Knecht verspürte großen Hunger. Also weckte er den schnarchenden Fohlenfresser und beide gingen zurück zum Hofe. Als nun alle am großen Gesindetisch saßen, klagte der Werwolf über Leibschmerzen und aß nichts. Der andere Knecht dagegen langte wacker zu, hatte er doch seit den frühen Morgenstunden nichts mehr gegessen. Da machte sich der Werwolf über ihn lustig und nannte ihn einen Vielfraß. Dies machte den Knecht zornig und in seinem Ärger stieß er aus: „Wenn ich wie du unser Fohlen im Leib hätte, dann würde ich auch satt sein." Da sah sich der Werwolf verraten, sprang durch die Scheiben des Fensters und entfloh mit wütenden Blicken auf Nimmerwiederkehr.

Unzugängliche Moore und dunkle Teiche brachten in vielen Gegenden Geschichten von Drachen und Meerweibern hervor.

VON KIELKRÖBCHEN UND PIELPOGGEN

Einer Bäuerin am Dümmersee hatten die Schinonten, die anderswo im Osnabrücker Land Sgönaunken heißen, ihr noch nicht getauftes Kind gestohlen und an dessen Stelle ein gefangenes Wasserweibchen oder, so lautet es in der Sage, ein Kielkröbchen hingelegt. Aber das Kielkröbchen wollte nicht recht gedeihen. Da fuhren seine vermeintlichen Eltern mit ihm über den Dümmersee, um es zu seiner Genesung nach Rulle zu bringen. Während der Kahn über die Flut des Dümmer dahinfuhr, tauchte zwischen den weißen und gelben Seerosen, die auf dem Wasser wie Sterne erschienen, ein anderes Kielkröbchen aus der Tiefe auf und rief: „Kielkröbken, wo wustu hen?" (Kielkröbchen, wo willst du hin?), worauf jenes aus dem Kahne antwortete:

„Ick will na Rulle.	*(Ich will zum Kloster Rulle.*
Un dor mi laten wiggen,	*Und dort lasse ich mich weihen,*
up dat ick mag diggen,	*auf das ich mag gedeihen,*
as en änner kind."	*wie andere Kinder auch.)*

Ähnliches geschah bei Laer, wo in einem Teiche Meerweiber wohnten. Sie waren halb Mensch, halb Tier und konnten erst nach der Taufe gedeihen. Man nannte sie auch Pielpoggen, wie man heute noch Frösche bezeichnet, die sich in ihrer Entwicklung befinden. Einst stieg eine solche Pielpogge aus dem Teiche hervor, um ebenfalls nach Rulle zu pilgern. Als man sie nach dem Ziel ihrer Pilgerfahrt fragte, entgegnete sie:

„Ick will na Rulle un mi laten wiggen, up dat ick mag diggen." (Ich will nach Rulle, um mich weihen zulassen, damit ich gedeihen werde.)

Beide Sagen haben ihren Ursprung zweifelsohne darin, dass im christlichen Glauben nur geweihte, also getaufte Kinder gedeihen können. Setzt man jedoch für das „wiggen" das hochdeutsche „wiegen", dann könnten die Sagen auch auf einen Brauch verweisen, bei dem auf der Johanniterkommende Lage am Johannistag kleine Kinder gegen Brot gewogen wurden.

IV.

GESPENSTERSPUK UND WIEDERGÄNGER

Es geht der Spruch: „Gottes Mühlen mahlen langsam, mahlen aber trefflich fein." Und so werden auch in den Sagen des Osnabrücker Landes Sünden und Laster, Hochmut und Gottlosigkeiten, die zu Lebzeiten begangen wurden, häufig erst im Tode bestraft. Ob ihres weltlichen Tuns wurde den Verstorbenen kurzerhand der Zugang zum Himmelsreich verwehrt, und der Herrgott höchstselbst verdammte sie zur Ruhelosigkeit. Folglich mussten sie an unheimlichen Stätten Spuk treiben oder als Wiedergänger dort umgehen, wo sie zu Lebzeiten Grenzsteine versetzt, Ungerechtigkeiten begangen oder um Korn betrogen hatten. Die Liste der möglichen Verfehlungen ist lang, und so kennt der Volksmund zahlreiche gespenstische Orte, wo man zur mitternächtlichen Stunde auf pflügende Knochenmänner, kopflose Kerle oder Steine schleppende Grenzfrevler treffen kann. Kaum ein Dorf, wo nicht im dunklen Dickicht übereifrige Spinnräder sausen, unirdische Ketten rasseln oder mit bodenlosen Eimern Wasser geschöpft wird. Doch keine Angst, die meisten Spukgestalten des Osnabrücker Landes sind, zumindest wenn man sie nicht bedrängt, eher harmlos und jagen dem nächtlichen Wanderer lediglich einen kalter Schauer über den Rücken, um ihn weiterhin zu einem gottgefälligen Leben anzuhalten.

DER SPUKGEIST VOM SCHULTENHOF

In Nortrup lebten vor vielen, vielen Jahren zwei Jungfrauen. Sie waren von freiem Stande, aber ein geiziger Gutsbesitzer beanspruchte sie als Leibeigene seines Hofes. In ihrer Bedrängnis wandten sich die Jungfrauen an den Schulzen von Nortrup, dem sie ihre Freibriefe vorlegten. Der Schulze aber war ein schlechter Mensch und von dem Gutsherren bestochen worden. Er setzte sich nun mit den Papieren ans Herdfeuer, vorgeblich, um besser lesen zu können. Aber in seiner Arglist ließ er, wie aus Unvorsichtigkeit, die Urkunden ins Feuer fallen. So konnten die Jungfrauen ihre Freiheit nicht mehr beweisen und mussten dem habgierigen Herrn als Mägde dienen.

In tiefen Wäldern konnten gespenstische Lichtgebilde auch gestandenen Wanderern einen Schauer über den Rücken jagen.

Bald darauf wurde der Schulze sehr krank und starb. Er konnte aber im Grabe keine Ruhe finden. Jede Nacht legte er sich als schwarzer Hund hinter den Herd, an dem die Übeltat geschehen war, und gab klägliche Laute von sich. Wenn die Magd am Herdfeuer Licht angezündet hatte, legte er ihr seine Tatzen auf die Schultern und blies das Licht wieder aus. Oft erschreckte er das ganze Haus, indem er als Feuer sprühender Höllenhund zur Tür hereinsprang. Die Bewohner des Hauses konnten dieses Treiben nicht mehr ertragen und holten den Pastor von Menslage, der den Hund bannen sollte. Doch der Hund gebärdete sich so wütend, dass der Pastor sich fürchtete und das Weite suchte. Da rief man den Pastor von Alfhausen. Dieser bannte den Spukgeist in einem engen, mit Weihwasser beschriebenen Kreis und zuletzt auf einen Wagen, um ihn fortbringen zu lassen. Als der Hund dessen gewahr wurde, fing er an zu jammern und flehte, ob ihn denn keiner mehr sehen wolle. Da sagte der jüngste Sohn des Hofes: „Einmal möchte ich meinen Vater doch noch sehen." Damit war der Bann gebrochen und der Hund wütete ärger als zuvor auf dem Hofe. Endlich gelang es jedoch dem Geistlichen, ihn abermals auf den Wagen zu bannen, nachdem er den Leuten eingeschärft hatte, ja nicht auf die Bitten des Geistes zu antworten. Man fuhr mit dem Wagen fort, doch der Spukgeist machte sich schwerer und immer schwerer, sodass ihn acht Pferde kaum zu ziehen vermochten. Als man endlich auf einer Wiese ankam, drückte er so stark auf den Wagen, dass er ihn durchbrach und auf die Erde fiel. Hier bannte ihn nun der Geistliche erneut, aber der Geist flehte, man möge ihm doch gestatten, jedes Jahr um die Länge eines Hasensprunges dem Hofe wieder näher kommen zu dürfen. Es wurde ihm jedoch nur erlaubt, jedes Jahr um einen Hahnentritt näher zu kommen. In der Wiese, die seitdem Seelenhorst heißt, treibt der Geist nun des Nachts sein Unwesen, bis er nach Jahrhunderten zum Schultenhof zurückgekehrt sein wird.

DER KETTENMANN

Auch am Sunderbach, auf dem Weg nach Dalum, ist es den Menschen nicht geheuer und sie scheuen sich, diesen Weg bei Nacht zu gehen. Sie wissen, dass hier ein Unirdischer sein Wesen treibt. Man erinnert sich noch gut daran, dass in der Nähe von Dalum einst ein Bauer in erbitterter Feindschaft mit seinem Nachbarn lebte. Durch Lügen, falsches Zeugen und schließlich sogar Meineid, den der Bauer in der Sache vor Gericht ablegte, erreichte er, dass sein Nachbar, der ein ehrenwerter Mann war, wie ein Verbrecher behandelt und ins Gefängnis geworfen wurde. Der Beschuldigte konnte die ihm widerfahrene Schmach nicht überwinden und starb vor Kummer. Den Bauern aber verdammte der Herrgott dazu, nach seinem Tode in jeder Nacht mit einer schweren Kette am Bein unweit des Sunderbaches umherzuwandern. Und so hörte mancher Lebende dort zu nächtlicher Stunde das ruhelose Rasseln einer Kette.

NACHTMAHRE

In der Vorstellung unserer Vorfahren gab es zahlreiche unsichtbare Zauberwesen, die einem das Leben schwer machen konnten. Unter ihnen gab es die Nachtmahre oder Nachtmähren, die man woanders auch Alp, Drude oder Windsbraut nennt. Dieses sind zumeist Frauen, die allnächtlich ihren Körper verlassen, durch Fensterritzen, Schlüssellöcher und Bodenspalten in die Zimmer der Mitmenschen eindringen und sich dann auf deren Brust niederlassen, um sie zu „drücken". Die Wesen lasten dann schwer auf den schlafenden Menschen und flößen ihnen mit Atemnot Angst und Grauen ein. Um nicht von einem solchen Nachtwesen „besessen" zu werden, bediente man sich diverser Abwehrzeichen wie Drudensteine (das sind Kieselsteine mit einem natürlichen Loch) oder des als Drudenfuß bezeichneten fünfzackigen Pentagramms oder Pintakels, das man über der Bettstatt, an Tür- oder Fensterrahmen anbrachte.

Wenn einen im Schlaf das Alpdrücken quält, dann vermutete man also auch im Osnabrücker Land, dass eine Nachtmahre in der Schlafstube ist. Einst riet man in Glandorf einem Mann, der oft von ihr gepeinigt wurde, er solle einen Eimer nehmen, ein Licht darunterstellen und ein Bett darüberdecken. Wenn dann die Nachtmahre wieder da sei, solle er das Bett wegziehen, das Loch, durch das sie gekommen, verstopfen, und so sei sie gefangen. Der Mann tat, wie ihm geheißen. Die Gefangene aber war ein schönes Weib, weither aus den Niederlanden. Er nahm sie zur Frau und lebte glücklich mit ihr. Aber einmal zeigte er ihr auf ihr Bitten die Öffnung, durch die sie einst hereingekommen war. Da verschwand sie augenblicklich und ist nie wiedergekommen. Jeden Sonnabend jedoch haben drei reine Hemden dagelegen, eines für ihn und zwei für ihre beiden Kinder.

Wegen seiner Sünden, Laster und Gottlosigkeit fand manch ein Verstorbener auch im Grab keine Ruhe und musste als Geist umgehen.

WIE EINMAL NACHTMÄHREN VERTRIEBEN WURDEN

Auch auf Ruwens Hof in Lechterke lebte vor Jahren ein Knecht, der ständig von schweren Träumen geplagt wurde, sodass er am Morgen müde und zerschlagen aufwachte. Er klagte bei seinem Bauern darüber, dass ihm die Nachtmähren keine Ruhe ließen. Oft hörte er, wie sie in seine Kammer kämen und sich mit ihrem ganzen Gewicht auf seine Brust legten, dass ihm fast der Atem wegbliebe. Der Bauer aber war ein unerschrockener und entschlossener Mann. Er meinte, dass dem doch wohl abzuhelfen sei. In der nächsten Nacht wolle er aufbleiben und sich mit dem eisernen Blasrohr bewaffnen, wie es bei den offenen Herdfeuern gebraucht wurde, um die Funken wieder zum Aufflammen zu bringen. Wenn dann die Nachtmähren kämen, solle der Knecht laut rufen; er würde ihm dann zu Hilfe kommen. Gesagt, getan. Als der Bauer aber auf das Rufen seines Knechtes mit dem schweren Blasrohr herbeieilte, waren die Nachtmähren schon verschwunden. Die Entschlossenheit des Ruwenbauern schien ihnen aber doch Respekt eingeflößt zu haben, denn seit dieser Zeit sind sie auf dem Hof nicht wieder erschienen.

DIE WALRIESKE

Ähnlich wie die Nachtmahre sind auch die Walrider oder Walrieske zumeist ungefährliche Wesen, denen das Schicksal auferlegt ist, in schlafende Menschen, Pferde oder auch Bäume zu fahren, um sie zu „drücken". Meist hatte das Volk sogar Mitleid mit diesen Wesen und suchte, sie zu erlösen, da ihr Tun, anders als bei Hexen, nicht ihre eigene Schuld ist. Und so wusste man auch in Ueffeln, dass, wenn die Walrieske in ein Haus kommt, sie nicht eher wieder fort konnte, bis sie etwas Böses getan hat. So kam einmal eine zu einem Bauern in Ueffeln, die hatte Butter und Eier zu verkaufen und quälte ihn so lange, bis er ihr endlich etwas abkaufte. Kaum war sie fort, da kam der Vater des Bauern und sagte, das Pferd liege im Stalle im Sterben. Der Sohn wollte es anfangs kaum glauben, doch als er sah, dass es wahr sei, da wusste er Rat. Denn offenbar hatte es die Frau getan, die er schon lange in Verdacht hatte, dass sie eine Walrieske sei. Deshalb schlug er eins von den gekauften Eiern dem Pferd ins Futter. Das Tier fraß davon, und augenblicklich war es wieder gesund.

DER WALRIDER

Einst glaubte das Volk, dass unter sieben Söhnen meist einer ein Werwolf und unter sieben Töchtern eine ein Walrider war. Aber manchmal ging solch ein nächtlicher Quälgeist auch von einem Sohn aus. Und so geschah es – man weiß nicht mehr, in welchem Kriege es war –, dass einmal bei einem Bauern in Basum Soldaten in Quartier gelegen haben, von denen einer ein Walrider war. Der hatte es der Magd des Bauern angetan, sodass sie nicht von ihm lassen konnte und, als die Soldaten fortmarschiert waren, durch die Luft auf und davonflog. Als der Bauer das sah, spannte er sein Pferd vor den Wagen, setzte sich darauf und jagte hinterher. Als er sie dann eingeholt hatte und in der Luft über sich sah, rief er ihr zu, sie solle ihre Schürze kreuzweise über den Kopf werfen. Sie tat wie der Bauer geraten und fiel alsbald herab. Die Schürze aber flog dem Soldaten nach und fiel, als er bei der nächsten Rast bei Tische saß, vor ihm hin. Und das weiß man, weil der Walrider es hinterher nach Basum geschrieben hat.

DAS GEISTERHEMD

Irgendwo im Osnabrücker Lande saßen einst einige lustige Gesellen im Dorfkrug beieinander, spielten mit den Karten und tranken lustig drauf los. Da fing der Michel an, allerhand Hexen- und Teufelsgeschichten zu erzählen, und bald gruselte es den andern in der Haut. Da sprach der lange Jost: „Jetzt wird wohl keiner auf den Kirchhof gehen wollen!" – „Oh", rief die Liese, das Schenkmädchen im Wirtshause, „das will ich wohl tun, was gilt die Wette?" Da wettete der Jost vier gute Groschen und es ward ausgemacht, dass Liese zum Beweis einen Rosenkranz von einem Grabe holen sollte. Sie sagte: „Topp" und ging hinweg. Schon hatte sie den Kranz, da sah sie auf einem Grab einen Geist sitzen, der ein weißes Hemd anhatte. „Halt", dachte sie, „das Hemd könnte ich brauchen!", und beim Vorübergehen nahm sie dem Geist das Hemd weg. Zu Hause aber sagte sie nichts davon, sondern nahm stillschweigend ihre vier Groschen. Sie wartete, bis alle fort waren, besah sich, was sie erbeutet hatte und dann legte sie sich zu Bett. Um Mitternacht aber klopfte der Geist an ihr Fenster und rief mit tiefer Grabesstimme: „Liese, mein Hemd!" Und so dreimal, aber die Liese zog die Bettdecke über den Kopf und sagte nichts. In der anderen Nacht kam der Geist wieder und forderte wieder drei Mal sein Hemd, doch die Liese sagte wieder nichts. Als aber der Geist in der

„Da schlug die Glocke Mitternacht ..." – *auch der romantische Kirchhof von Ueffeln wird bei Nacht ein unheimlicher Ort.*

dritten Nacht wieder kam, da sagte er: „Liese, ist mir morgen Nacht um zwölfe mein Hemd nicht so umgehängt wie vorgestern, so musst Du mit ins Grab!" Nun hatte Liese keine Ruhe mehr, sie sagte es dem Pastor und der rief eilig die Gemeinde zusammen. In der Nacht um elf Uhr ging dann ein großer Zug mit Fackeln und Lichtern und Chorknaben singend nach dem Kirchhofe. Liese in Büßerkleidern mit dem Geisterhemd voran. Als sie ankamen, sahen sie den Geist. Die Chorknaben verstummten und Liese ging weinend auf den Geist zu. Sie hing ihm das Hemd über, aber es wollte nicht gehen. Dabei verging die Zeit, Liese weinte und jammerte, da schlug die Glocke Mitternacht, Liese schrie laut auf, da sprang der Geist auf sie los, packte sie und riss sie mit sich ins Grab.

IN DER MATTHIASNACHT

Nahe dem „Griesen Toarn", dem grauen Turm der Kirche zu Laer, steht ein mächtiger Lindenbaum. Vor vielen, vielen Jahren ist einmal in der Matthiasnacht ein verwegener Knabe in ihren hohlen Stamm gekrochen, weil er gehört hatte, dass man dann Geister sehen könne. Als es Mitternacht schlug, rauschte es mächtig im Wipfel des alten Baumes, die Hunde begannen zu winseln, und still und feierlich zog eine lange Reihe weißer Gestalten paarweise an der Linde vorüber und der Kirche zu. Dem Knaben aber schwanden die Sinne und er lag wochenlang in wilden Fieberträumen.

Vermutlich blieb hier ein alter Volksglauben lebendig, nach dem derjenige, der in der Matthiasnacht (24./25. Februar) geboren wird, besonders in den Mitternachtsstunden, vieles sieht, was anderen verborgen bleibt, namentlich Geister. Und in jeder Matthiasnacht, so sagt man, treibt es die in der Matthiasnacht Geborenen unwiderstehlich auf den Kirchhof, wo sie die Toten des künftigen Jahres sehen müssen.

SCHNATMANKES

Grenzen zwischen den Ländereien verschiedener Bauerschaften oder zwischen den Feldern einzelner Bauern wurden, als es noch keine Katasterkarten gab, nach Gewohnheitsrecht, Absprache oder gemeinsamen Beschlüssen festgelegt. Als Grenzzeichen wählte man besondere Bäume, Bachläufe oder andere relativ unveränderbare Naturmerkmale, die alljährlich von der betreffenden

Gemeinschaft beim „Schnatgang" (Grenzbegehung) begutachtet wurden. Gab es keine markanten Landmarken, so wurden gekennzeichnete Grenzsteine gesetzt, die zu verrücken oder zu entfernen als kapitales Delikt galt, das vor den jährlich wiederkehrenden Burgerichten mit harten Leibes- oder Geldstrafen geahndet wurde. Dass es trotz irdischer Strafandrohung immer wieder zum Grenzfrevel kam, der erst im Jenseits gesühnt wurde, davon künden unterschiedliche Sagen. So hat man im Osnabrücker Land in früheren Zeiten viel von den Grenzmännchen, den „Schnatmankes", gehört, wie sie des Nachts umhergewandert sind und sich ihr „Tu da, tu da" zugerufen haben sollen. Das sind die Landmesser gewesen, die die Grenzsteine verrückt haben. Einmal ist einem Bauern ein solcher begegnet. Das Männchen rief immer: „Wo soll ich ihn hinlegen, wo soll ich ihn hinlegen?", worauf ihm der Bauer antwortete: „Wo du ihn hergenommen hast!" Da erwiderte der Schnatmann: „Das hieß dich Gott sprechen, denn nun bin ich erlöst."

DER SPECKBUCK

Auch zwischen den Gemeinden Ahausen und Druchhorn gab es in alter Zeit einen heftigen Streit um den Verlauf der Grenzen. Man ging zu Gericht, doch der Prozess zog sich über Jahre hin. Da es aber fast alle Tage wüste Schimpfereien und nicht selten auch blutige Köpfe gab, besonders unter den Schäfern der beiden Gemeinden, war man des ewigen Zwistes nun gründlich überdrüssig geworden und suchte nach einer Lösung, um den Streit aus der Welt zu schaffen. Nun war dort ein alter, fast hundertjähriger Schäfer, wohl der einzige, der sich in beiden Gemeinden gut auskannte. Und weil ihn jedermann für redlich und brav hielt, wurde er von beiden Streitparteien zum Schiedsrichter ernannt.

Am bestimmten Tage kamen der alte Schäfer und sämtliche Markberechtigte beider Gemeinden im Felde zusammen. „So", schwor der Schäfer, „nun will ich euch auf Ehre und Gewissen zeigen, wo die Druchhorner Mark anfängt und die Ahauser anfängt, und wenn ich nicht ehrlich verfahre, so will ich des Teufels sein mit Leib und Seele." Nun ging der alte Buck, wie man ihn nannte, mit den Streitenden durch die Felder. Trat er mit dem rechten Fuße auf, dann sagte er: „Dies ist Druchhorner Mark", trat er mit dem linken Fuße zu, so hieß es: „Jetzt trete ich auf Ahauser Grund." Und so ging es, bis er die gesamte Angrenzung abgeschritten hatte. Beide Gemeinden gaben sich mit der bezeichneten Grenzlinie zufrieden und waren froh, dass der leidige Streit ein Ende gefunden hatte.

Doch der Schäfer war voller Arglist gewesen. Er hatte sich nämlich zuvor in den rechten Holzschuh Druchhorner Erde und in den linken Schuh Erde aus der Ahauser Mark gestreut. Auf diese Weise hatte er die Druchhorner schändlich betrogen, denn ein nicht unbedeutender Teil ihrer Mark fiel nun ungerechterweise an Ahausen. Von den Ahauser Bauern erhielt er dafür eine Seite Speck vom dicksten Schwein, das in jenem Jahr zu Ahausen geschlachtet worden war. Als der alte Buck jedoch gestorben war, fand seine Seele keine Ruhe im Grabe. Noch jetzt wandert er des Nachts über die Grenze der beiden Gemeinden, mit einer brennenden Seite Speck auf dem Rücken. Gegen ein Uhr, so heißt es, kommt er in die Nähe von Thumanns Hof, um von dort zur Grenze nach Rüssel zu wandern. Dort verschwindet er zuletzt bei dem großen Grenzstein, den man noch heute „Speckbuckstein" nennt.

DER STRETMANN

Ebenso gab es vor langen Jahren zwischen den Bewohnern von Epe und denen von Engter einen Streit um die Grenzen ihrer Marken. Da ist endlich ein Mann aus Epe gekommen, der ist hingetreten und hat gesagt: „Hier geht die Schnat (Grenze)", und hat es auch beschworen. Aber dies war ein falscher Schwur gewesen, drum geht er noch immer, wenn es dunkel wird, auf der Schnat und ruft: „Hoho! Hoho!", und so wird er es tun bis in alle Ewigkeit. Man nennt ihn aber gewöhnlich den Stretmann.

DER PFLÜGENDE KNOCHENMANN

Auf dem großen Felde zwischen Ankum und Bersenbrück ist es um Mitternacht nicht recht geheuer. Sowie die zwölfte Stunde vom Turme schlägt, öffnet sich auf dem Gottesacker ein Grab, heraus steigt ein hagerer Knochenmann. Der geht dann schlotternd auf seinen früheren Acker und findet dort ein aus der Erde emporgestiegenes Viergespann feuriger Pferde, die hinter sich eine weiß glühende Pflugschar schleppen. Der Knochenmann ergreift nun die Zügel, und in rasendem Galopp fährt er über das Feld hinweg. Allein, der Pflug dringt nicht in den Boden ein, man sieht ihn nur feurige Furchen ziehen, die sofort wieder vergehen. Stets aber lenkt die knochige Hand den Pflug hart an den Grenzsteinen vorbei, wobei Feuerfunken aus dem Eisen sprühen. Vollendet wird die Arbeit nie. Sobald der erste Hahnenschrei ertönt, versinkt das Gespann im Boden und der feurige Pflüger kehrt wieder in sein Grab zurück. Dies ist, das weiß man hier genau, der Geist eines reichen, aber habsüchtigen Bauern aus Ankum, der während seines Lebens manchen Grenzstein mit seinem Viergespann umgeackert, ja selbst umgesetzt hat und zur Strafe von Gott zu diesem ewigen rastlosen Pflügen verdammt wurde.

**Das Gedicht
vom feurigen Pflüger**

*Ein wohlgenährter Bauersmann war Hans,
sein Hof, sein Wald des ganzen Dorfes Glanz;
doch war sein Eigentum ihm viel zu klein,
und immer reicher wollt' der Reiche sein.*

*Denn kam der gold'ne Lenz ins Land hinein
mit Laub und Blütenschmuck und Sonnenschein,
dann eilt auch Hans mit seinem Viergespann
aufs Feld und setzt den Pflug zum Ackern an.*

*Wenn dann der unbequeme Markstein kam,
dann triebs ihn, dass er's so genau nicht nahm;
nein, unverschämt macht er die Finger krumm,
versetzt ihn und pflügt weiter drum.*

*„Was schadet's", denkt der Habgier'ge frech,
„nehm ich der Witwe diese Handbreit weg;
mir wächst darauf manch vollgelad'ne Ähr',
das bringt beim Kornverkauf um soviel mehr."*

*So trieb er's fort und fort mit Lug und Trug,
bis endlich ihm sein letztes Stündlein schlug;
da tritt mit Drohen vor sein Lager hin
der Tod, ein Gläubiger mit hartem Sinn.*

„Auf, folg mir!" Spricht zu Hans sein ernstes Wort,
„Vernimm den Spruch des ew'gen Richters dort!"
Da bangt ihm, und um Schonung fleht er gar,
der sonst so stolz, so unbarmherzig war.

Und zitternd tritt er vor des Himmels Tor
und fleht um Eintritt in den Sel'gen Chor;
doch Petrus kennt den Mann und ruft ihm zu:
„Zurück! Dir blühet nicht des Himmels Ruh'!

Es liefen über dich viel Klagen ein;
zu uns gedrungen ist des Armen Schrei'n,
den du des Landes frevelhaft beraubt,
drum lastet Fluch und Bann auf deinem Haupt."

So spricht er! Kalt durchsaust's den Bösen nun,
doch ist's zu spät zur Reu, zu spät zum Tun.
Des Wahnsinns, der Verzweiflung jäher Raub,
sinkt heulend er zurück in den Staub. –

Und dröhnt die zwölfte Stund' vom Turm herab,
dann öffnet auf dem Kirchhof sich sein Grab;
draus steigt hervor ein hag'rer Knochenmann,
dem man noch Geiz im Auge lesen kann.

Er schlottert rasselnd nach dem Felde hin
und wartet, bis es Zeit zum Spukbeginn.
Hui! Steigt nun aus der Erde dunklem Schacht
ein feurig Viergespann und glüht und kracht,

und jener Mann ergreifet Pflug und Zaum,
landeinwärts geht's wie Sturmwind, fasst er's kaum;
doch wird die Erd' nun hart wie Felsgestein,
nicht dringt die Pflugschar in den Boden ein.

Nah an dem Markstein pflügt er stets vorbei,
doch nimmer weicht die Furch', nie wird er frei.
Dann glüht und sprüht und zischt es rings umher,
als wär' das ganze Feld ein Feuermeer.

Und wen das Schicksal dann nach draußen jagt,
der sieht's und hört's, bekreuzet sich und sagt:
„Sein Wesen treibt dort Hans mit Pferd und Pflug;
behüte mich, o Herr, vor Lug und Trug!"

Doch wenn ertönt der erste Hahnenschrei,
ist's mit dem grausen Spuke gleich vorbei;
auf tut sich langsam jenes düst're Grab,
und stumm sinkt Hans in seinen Schoß hinab.

JOSEF CRONE

LÜÜRMANNS DINK

Vor nich langen Tiiden göng annen Hüggel en Gespenst, dat sach baulde ut asse en Wulf, baulde asse en Schaup (Schaf), un wenn de Buuren et nich met Leve leiten, dann word et mächtig boise – änners auber göng et still un geruhig sinen Weg. Un eines Aubens met Düsterwerden kümmt et üöber Äverskuoten Hoff in Hasbiergen (Hasbergen), un kann nich üöber 'nen Tuun, un as Äverskuoten dat süht, stüret he de Rüens (Rüden) un bürt et darüober, un segt: „Nu gau in Gods Namen." Da segt et: „Du auk." Dorup kümmt et an Nollmanns Hoff. Un as de Rüens förchterlich an to blaffen fanget, sick auber doch förchtet, süht Nollmann et un hisset vor Gewalt de Rüens un löpt auk sülverst met tiegen dat Gespenst an. Doa met eenem maule döt et sick van enander un is üöber un üöber glönig (glühend) und de Buur süht nix as ene füürige Wand. Nollmann löpt weg un jüst as he de Düre toslagen het, is et auk der vor un harre em uppen Hoar pakket. Nollmann auber het dree Dage nich to Verstande kuomen küönt. Am öftersten is et up Lüürmanns Huove to Orbiecke (Orbeck) sehen un doavon het et Lüür-manns Dink. Wecke Lüe segget auk, et wöre eene van Lüürmanns Süonens, de

Wer wohlbewusst Ackergrenzen überpflügte oder gar Grenzsteine versetzte, dem war in der Welt der Sagen ein schauerliches Schicksal gewiss.

Selbst das Frauenkloster zu Bersenbrück blieb vor Freveltaten nicht verschont.

Schäuper west wör un sick innen Schaupstalle uphangen harre, un dorüm möste he in Schaups- un Wulfengestalt olle Aubend de Stie (Stelle) besöken, woar he sick Leedes (Leid) andaun harre. Twee von Lüürmanns Hüürlüe (Heuerleute), de nau Holland up Arbeit west wören, harren et auk in Holland sehen.

DER VERMESSENE AMTMANN

Nahe Bersenbrück, dort wo der Feldmühlenbach in die Hase fließt, treibt bei dunkler Nacht ein Spukgeist sein Wesen. Man sagt, dies sei der Geist des alten Sarninghausen, der in der französischen Zeit in Bersenbrück das Administratorenamt innehatte. Wegen seines Geizes und seiner Strenge war Sarninghausen wenig beliebt, denn er selber führte ein üppiges Leben, hielt sich eine prachtvolle Equipage mit vier feurigen Rössern und trieb auch sonst großen Aufwand. Für seine Sünden, so die Meinung des Volkes, sei er dazu verdammt worden, nach seinem Tode ruhelos umzugehen, insbesondere, weil er sich an geheiligtem Gut vergriffen habe. Dieses geschah, als während seiner Amtszeit in der Klosterkirche zu Bersenbrück Bauarbeiten stattfanden, bei denen ein Reliquienschrein und eine Heiligenfigur aufgefunden worden waren. Als die Arbeiter den Administrator fragten, was denn mit den Funden geschehen solle, da habe der nur verächtlich geantwortet: „Werft den Plunder in die Hase!" Nach seinem Befehl wurde gehandelt, doch der Freveltat folgte alsbald die verdiente Strafe. Bei einer Kahnfahrt verunglückte der Reliquienschänder und ertrank. Für seine Gottlosigkeit wurde ihm eine schwere Buße auferlegt. Und so streckt er allabendlich seine Arme aus dem Wasser und versucht sich in Todesnöten an den Weiden heraufzuziehen, die ihre Zweige weit über die Fluten der Hase recken. Da zerrt er dann in seiner Todesangst hin und her und schreit um Hilfe. Bis zuletzt der Teufel kommt, um ihn aus dem kühlen Bett zu ziehen – und beide lustwandeln dann im Walde. Erst im Morgengrauen wird er von seiner Qual erlöst und sinkt lautlos zurück in sein nasses Grab. So straft Gott Vermessenheit, Überheblichkeit und fehlende Ehrfurcht.

DER KIRCHSPIELSHUND

Gleich mehrfach begegnet einem im Osnabrücker Land die Sage vom Kirchspielshund, der immer als ungewöhnlich groß und mit feurigen Augen beschrieben wird. Wer ihm aus dem Wege geht, den belästigt er nicht. Doch manchmal geschah es, dass es sich vorwitzige Wandersleute nicht verkneifen konnten, auf ihn einzuschlagen. Solange sie dabei unaufhörlich „eins, zwei" zählten, blieb er machtlos. Wer aber im Eifer auch noch „drei" hinzufügte, war ihm nicht mehr gewachsen. Andere erzählen, der Hund sei zu Feuer geworden, sobald er geschlagen wurde. Auch im längst verschwundenen Hause des Kolonen Niemann in Haltern hat er einst gespukt. Donnerstags durfte dort nicht gesponnen werden, doch als die Frau es dennoch tat, stand plötzlich der Kirchspielshund an ihrer Seite. Erst als die Frau versprach, nie wieder an einem Donnerstag spinnen zu wollen, verschwand der Hund wieder. Und beim Kolonen Detert in Wissingen hatte der Kirchspielshund seine Lagerstatt am Herd und die Haustür musste während der Nacht offen stehen. Dann blieb im Hause alles unberührt. Wer aber des Abends die Tür verriegelte, wurde nachts von einem Unwohlsein befallen, dass sich erst wieder verlor, wenn sie geöffnet wurde. Blieb die Haustür gar die ganze Nacht verschlossen, lag morgens alles wüst durcheinander. Doch nie bekam jemand den nächtlichen Gast zu sehen. Einmal aber blieb ein neugieriger Knecht am erloschenen Herdfeuer sitzen, um den Kirchspielshund zu belauschen. Nach kurzem Warten kam er leise zur Tür herein. Der Knecht griff zum Stock, der Hund setzte sich zur Wehr. Mehr weiß man nicht, denn was der Knecht im Einzelnen in jener Nacht erlebte, das hat er hartnäckig verschwiegen. Um den unheimlichen Gast doch loszuwerden, wurde das Haus schließlich niedergerissen und an anderer Stelle wieder aufgebaut.

DER EICHBAUM

Bei Meyer zu Strohen in der Bauerschaft Hellern bei Osnabrück stand vor wenigen Jahren noch ein Eichbaum auf einer Wiese, von dessen Ästen oder Blättern weder das Geringste aufgelesen noch gar auf dem Herde verbrannt werden durfte. Die Bauern ließen alles liegen und jeder hütete sich, von diesem Baume etwas abzuhauen. Doch eines Tages hieb der älteste Sohn des Hofes, der sich vor nichts fürchtete, doch einen Ast ab und legte ihn abends aufs Herdfeuer. Am anderen Morgen lag in der Asche des verbrannten Holzes ein großer, schwarzer Rüde. Und was sie auch taten, er wich nicht eher vom Herd, als bis die Leute die ganze Asche zusammengesucht und unter den Baum geworfen hatten. Von dieser Zeit an hat kein Bauer je wieder etwas von dem Baum abgehackt, ja nicht einmal das Gras unter ihm abgemäht, aus Furcht, der Hund könne wiederkommen. Eben dort soll sich auch die Geschichte von dem Zwillingspaar zugetragen haben, das darüber in Streit geraten war, wer nach des Vaters Tod den Hof erben solle, denn niemand hat ihnen sagen können, welcher von ihnen der ältere sei. Von Worten kamen sie zu Taten und haben einander unter jenem Eichbaum erschlagen. Dafür wurden sie in den Baum verwiesen und trieben in ihm ihren Spuk.

DE KERDEL ANNE KOPP

In Jerks Stuken (Gehölz) da stet en Kerdel anne Kopp, den Kopp aber hef he unnern Arme, de segg niks, wenn man em niks to Lehe döt. Wenn man en aber tierget (berdängt), dann spalkert (wedelt) he mit sine Kielen (Gänsekiel), de he bi sik hef, un schreeb.

Ens kam dar es ene hier, de frög em, wat em wör. Da winkede he em to, he scholl weg gaun. He frög em na enmal; da winkede he wier. Aber as he tom drüdden Mal frog, do fönk he mechtige an to schreen und siee: „Ick bin hier hen bannt." Da löp de, de em fragt harre, weg, un et kam achter em hier, als en Müölenrad. Un as he in't Hus kam, un de Dör tomaken woll, da keit he ümme; da stünt en grauter swatter Röen davoren. Un de den Kerdel anne Kopp sehen harre, dei liewede nich lange mehr.

DER GEIST IM MECKELNBUSCH

In der Bauerschaft Sudenfeld im Kirchspiel Hagen lebte auf Gretzmanns Hof eine Tochter mit Namen Mechel. Sie war so fleißig und auf die Arbeit versessen, dass sie sogar an den hohen Feiertagen das Spinnen nicht lassen konnte. Daher musste sie nach ihrem Tode als Spukgeist umgehen und an Sonn- und Festtagen auf dem Hofe spinnen. Um von diesem lästigen Geiste befreit zu werden, berief der Bauer einen Dominikanermönch aus Osnabrück, der die Mechel bannen sollte. Nach vielen Beschwörungen gelang es diesem endlich, den unruhigen Spukgeist aus dem Haus in den benachbarten Busch zu treiben, welcher daher noch jetzt der Mecheln- oder Meckelnbusch genannt wird. Dort saß sie fortan alle Nächte um die Geisterstunde und ließ ihr Spinnrad schnurren. Viele haben das Geräusch ihres Rades gehört, und manche wollen sie sogar selber wie ein Gespinst im Gebüsch gesehen haben. Als man später das Gebüsch gefällt und das Holz daraus nach Gretzmanns Hof gefahren und dort abgeladen hatte, hörte man wieder alle Nächte das Schnurren des Geisterrades. Der Bauer sah sich daher genötigt, sie nochmals in den Busch bannen zu lassen. Der Dominikaner gab dabei dem Bauern den guten Rat, das Holz aus dem Busche den Armen zu schenken, damit sich der Geist nicht wieder in das Wohnhaus einschleiche. Dies ist denn auch bis auf die neuere Zeit geschehen, wo diese gute Sitte abgekommen ist. Heute ist der Meckelnbusch verschwunden.

DIE SPINN-LEONORE

Von Kettenkamp aus führt ein einsamer Weg durch die Haffwiesen zum Dinninger Bruch. An einer Stelle im Wald führt der sandige Pfad durch eine alte Landwehr, die in den kriegerischen Zeiten des Mittelalters zur Sicherung angelegt worden war. Nach der Dämmerung, so sagt der Volksmund, ist es hier jedoch nicht ganz geheuer.

In jenen fernen Zeiten, als die Menschen des Osnabrücker Landes noch keine Kleider kauften, sondern Flachs anbauten und ihre Tracht selbst webten und spannen, da lebte an eben diesem Wege in einer kleinen, ärmlichen Hütte eine alte Jungfer, die überall im Lande als Spinn-Leonore bekannt war. Keiner verstand es, so gleichmäßig und fein zu spinnen wie sie, und von weither kamen die Leute, um bei der Alten ihre Wolle und ihren Flachs verarbeiten zu lassen.

Der Teufel der Habgier und des Neides aber flüsterte der Jungfer zu, einen Teil des gesponnenen Tuches für sich zu behalten, um auf diese Art reich zu werden. Mit ihrer zu kleinen Haspel betrog sie nun die vertrauensseligen Leute, die zu ihr kamen. So gelangte sie nach und nach zu einem schönen Reichtum.

Gott aber sorgte dafür, dass die Bäume nicht in den Himmel wuchsen. Als die betrügerische Spinnerin so viel von dem unrechtmäßigen Gut erworben hatte, dass sie die Arbeit einzustellen und ein üppiges, sorgloses Leben zu führen gedachte, starb sie eines plötzlichen und unerwarteten Todes. Ihre Hütte brach zusammen und zerfiel. Die Spinn-Leonore aber wurde nach ihrem Tode dazu verdammt, für ewige Zeiten am Ort ihrer Missetaten zu sitzen, um ohne Rast und Ruh das Spinnrad zu drehen und ihre verfluchte Seele zu beklagen. Und schon mancher sah ihre schemenhafte Gestalt mit den erloschenen Augen und den bleichen Händen an der alten Landwehr sitzen und hörte ihren unablässigen, wimmernden Klageruf, der im Wind verweht.

Wenn es in den Wipfeln rauscht und zischt, glaubte man mancherorts ein klagendes Wimmern oder das Surren eines Spinnrades zu vernehmen. ▸

DER GIERIGE POTTHOF

Ähnliches begab sich nahe Melle. Potthof war ein Bauer, der einst zu Dielingsdorf lebte. Er war sehr gierig nach Reichtum und um denselben zu erlangen, betrog er auch seine Freunde und Nachbarn, wo er konnte. Nach seinem Tode ging er aber um, und weil er vorzüglich im Kornhandel betrogen hatte, hörte man ihn jede Nacht unaufhörlich auf seinem Dachboden Getreide messen. Man vernahm ganz deutlich in stiller Mitternacht das Zusammenschürfen, Füllen, Anschlagen und Abstreichen des Scheffels. Um den unruhigen Geist zur Ruhe zu bringen, ließ der Erbe des Hofes einen Dominikanermönch aus Osnabrück kommen, der ihn in den benachbarten Violenbach bannte und ihm zur Sühnung seiner Sünden auferlegte, mit einem bodenlosen Eimer den Violenbach auszuschöpfen. Viele Bauernmädchen, die in der Dämmerung Wasser aus dem Bache schöpften, wollen den Geist gesehen haben, wie er am Ufer auf dem umgestülpten Eimer saß, um sich von seiner Arbeit zu erholen, und laut sein Los beklagte.

DIE HABGIERIGE ÄBTISSIN

Von der Sünde der Gier ließen sich die Menschen zu allen Zeiten hinreißen. Doch waren es nicht nur Amtsleute, Bauern oder Spinnerinnen, die sich in ihrem Wunsch nach Reichtum verleiten ließen. Auch fromme Menschen, sogar solche, die sich ganz in den Dienst des Herrn gestellt hatten, kamen immer wieder vom Pfad der Tugend ab. So geschah es auch am Pennigsberg bei Bippen, wo ein einsamer Findling die Grenze der früheren Dinninger und Medumer Mark kennzeichnet. Im Volksmund führt er den Namen „Hexenstein". Das Grundstück, auf dem der Findling liegt, gehörte zum Schultenhof in Sundern, der früher Eigentum des Klosters Bersenbück war. Nun stand dem Kloster einst eine habgierige Äbtissin vor, die nur darauf bedacht war, die Besitztümer ihres Klosters immer mehr zu vergrößern, auch wenn das oftmals mit Sitte und Recht nicht zu vereinbaren war. So geriet sie eines Tages mit der Bauerschaft Klein Bokern in einen Streit um die Markengrenzen, als sie widerrechtlich mehr verlangte, als dem Kloster zustand. Um ihrer Forderung Nachdruck zu verleihen, versuchte die Äbtissin, den als Grenzstein anerkannten Findling weiter in das

Gebiet der angefeindeten Bauerschaft zu rücken. Das gelang ihr jedoch nicht, da der Stein viel zu schwer war. Zur Strafe für den versuchten Grenzfrevel, so sagt man hier, wurde sie nach ihrem Tode an diesen Platz verbannt. Hier sitzt sie nun jede Mitternacht für eine Stunde auf dem Hexenstein und klagt bis in alle Ewigkeit um ihre verlorene Seele.

AM SCHWEDSBERG

Der Schwedsberg zwischen Ankum und Druchhorn ist ein einsamer Hügel, der seinen Namen wohl auf die Zeit des Dreißigjährigen Krieges zurückführt, als die Schweden hierzulande hausten. Wenn sich die Dunkelheit über das Land senkt, hebt an der Kreuzung der beiden Waldwege, die über den Berg führen, ein unheimliches Leben an. Dann sitzen dort drei finstere Gestalten in altertümlichen, fremdländischen Kleidern, die eifrig in ein Kartenspiel vertieft sind. Regelmäßig kommt die Runde darüber in Streit, dann werden sie handgreiflich und jagen sich schließlich gegenseitig den blanken Degen durch den Leib. Und gleich darauf, als sei nichts geschehen, lassen sie sich erneut zum Spiel nieder. Wehe dem, der es wagt, die drei in ihrem Treiben zu stören oder zu belauschen. Ein großer, schwarzer Hund mit grässlichen Feueraugen fällt dann unversehens über ihn her. Der Störenfried wird so elendig zugerichtet, dass er froh sein kann, wenn er lebend dem unheimlichen Bann des Schwedsberges entrinnt. Die drei Kartenspieler sind Soldaten aus dem schwedischen Heer, die während des großen Krieges für ewige Zeiten dazu verdammt wurden, hier ihr ruheloses Wesen zu treiben. Durch ihre Schandtaten und Verbrechen ragten sie aus der Schar ihrer Kriegsgenossen besonders hervor. Niemals hatten sie genug vom Rauben und Morden, vom Sengen und Brennen, vom Martern und Schänden, vom Fluchen und Lästern. Lange Zeit trieben sie ihr abscheuliches Wesen, bis sie eines Tages in die Hände der erbitterten Bauern gerieten, die in den dichten Wäldern ihre letzte Zuflucht gefunden hatten. Erbarmungslos und blindwütig wurden die schwedischen Soldaten mitsamt ihren Wolfshunden, die sie ständig begleiteten, mit Knüppeln erschlagen. Ihre toten Körper verscharrten die Bauern im tiefen Wald. Und nun nehmen sie Rache für ihren Tod, indem sie die Nachfahren jener Bauern mit ihrem Gehabe erschrecken und sie durch ihren Hund böse zurichten lassen.

RICHTER CASSIUS

In der Bauerschaft Rüssel, dort wo der Weg von Ankum nach Alfhausen über das Hügelland führt, liegt im dunklen Wald ein einsames Wiesenstück, das man „Kaplans Kamp" nennt. Der Ort ist bei den Bewohnern der Umgebung verrufen und wird nach Möglichkeit gemieden, denn hier soll, so wird erzählt, in jeder Nacht ein ruheloser Geist umherirren. Nach der Sage lebte vor vielen Jahren in Fürstenau der Richter Cassius, der sein Amt nur schlecht versah. Anstatt nach Recht und Gesetz zu entscheiden, fällte er seine Urteile stets zugunsten desjenigen, der ihm die meisten Vorteile brachte. Viele Menschen trieb er so ins Elend und richtete viel Unheil an. Eines Tages kamen zwei Bauern aus Ankum vor seinen Richterstuhl, deren Streit um das Wiesenstück des Kaplans Kamp in Rüssel ging. Seit undenklichen Zeiten hatte sich niemand darum gekümmert. Die Wiese hatte herrenlos gelegen und war nun hoch von Unkraut bewachsen. Als aber nun einer der beiden Bauern Anspruch darauf erhob, behauptete auch der andere sie als sein Eigentum, und so kamen sie vor den Richter. Richter Cassius hörte ihre Aussagen an und verschob sein Urteil auf einen späteren Zeitpunkt, um, wie er sagte, die Sache eingehend zu untersuchen. Der eine Bauer, der schon mehr von dem Richter gehört hatte, verstand es nun, durch mancherlei Geschenke, darunter auch ein prall gefüllter Beutel mit harten Talern, den Richter auf seine Seite zu bringen.

Der andere hatte in der Zwischenzeit zwei alte Bauern gefunden, die in der ganzen Gegend als ehrlich und rechtschaffen bekannt waren. Sie bekundeten unter Eid, dass die strittige Wiese zum Hofe dessen gehöre, für den sie aussagten. Trotzdem nun eindeutig feststand, auf wessen Seite das Recht war, entschied der Richter zugunsten des Bauern, der ihm so reichlich Geschenke gemacht hatte. Den rechtmäßigen Eigentümer aber gab er der Verachtung des ganzen Landes preis. Gott aber bewies, dass er sich nicht spotten lässt. Wenige Tage nach diesem Urteilsspruch starb Richter Cassius eines plötzlichen Todes. Der Herrgott verdammte ihn dazu, an jenem Orte, über den sein Urteil so ungerecht entschieden hatte, jede Nacht ruhelos umherzuirren, bis zum Tag des Jüngsten Gerichts.

V.

HEXEREI UND GEISTERSCHAU

Der Ursprung des Hexen- und Zauberglaubens, wie auch die meisten anderen Bestandteile unserer Sagen, Mythen und Märchen, ist irgendwo in den vorchristlichen Zeiten zu suchen. In jenen Tagen also, als die hiesigen Menschen noch ganz selbstverständlich an übersinnliche Wesen mit besonderen Fähigkeiten glaubten, die mit den Göttern im Bunde standen. Die „Toversche", wie die Hexe im Niederdeutschen bezeichnet wurde, nahm jedoch erst im christlichen Mittelalter Gestalt an. Erst, als auch die Kirche glaubte, wovon das Volk noch immer überzeugt war, nahm das düstere Kapitel der Hexenverfolgung seinen Anfang. Die Kirche fügte dem allgemeinen Aberglauben die Angst vor dem Teufel hinzu und eröffnete mit kruden Lehren die Verfolgung der Hexenverschwörung, die in Osnabrück zwischen 1636 und 1640 ihren Höhepunkt fand. In den Sagen hingegen, deren Ursprung zumeist in sehr viel älteren Zeiten liegt, ist von einer Verfolgung der Hexen keine Rede. Zwar wird auch hier von Frauen berichtet, die für angeblichen Schadenszauber bestraft werden, doch zumeist scheinen die Menschen die Zauber- und Verführungskünste der Hexen als vertraute Gegebenheit ihrer Welt zu akzeptieren, mit denen man Unbegreifliches erklären konnte. Häufig scheint es in den Sagen sogar ein Leichtes, sich des Hexenzaubers zu erwehren oder ihn mit List unter Kontrolle zu bringen. Und so sind die Begegnungen mit Hexen meistens von Verwunderung und Neugier geprägt, von denen zuletzt nur ein haarsträubender Schauder sowie eine gute Geschichte für die Runde am Herdfeuer blieben. Ähnlich trug es sich mit jenen Menschen zu, die mit ihrem beunruhigenden „zweiten Gesicht" Ereignisse vorhersagen konnten. Fast jedes Dorf im Lande hatte seinen „Spökenkieker", den zwar niemand um seine Gabe beneidete, dessen Fähigkeit jedoch zweifellos vorhanden war. Und in manchem Osnabrückischen Dorf gehen die wahren, unwiderlegbaren, von ehrlichen Zeugen beglaubigten Geschichten über die Spökenkiekerei noch heute von Munde zu Mund.

Nicht alle Hexen sollen so hübsch anzuschauen gewesen sein wie die schöne Hexe Grimetto.

DER MOORBAUER UND DIE HEXE GRIMETTO

In alten Zeiten, als das Venner Moor nur ein kleiner Teil des Großen Moores war, das von Damme im Norden bis an den Rand des Wiehengebirges im Süden reichte, lebte hier die wunderschöne Hexe Grimetto. Nur wenige uralte Knüppelpfade und gefährlich schmale Sandwege führten durch den schwammigen Moorgrund. Abgeschieden von der Welt, hauste sie in einer Schilfburg im Venner Moor und erfreute sich ihrer seltenen Schönheit. Eines Tages verirrte sich ein edler Jungbauer von starker Gestalt ins Moor. Mit scheuer Erregung sah Grimetto ihn auf dem moorigen Grund näher kommen. Sie wusste, dass er nach wenigen Schritten versinken würde. „Bleib stehen!", rief sie. Der junge Moorbauer erschrak fürchterlich. Doch als er die schöne Hexe sah und in ihre grünen Augen blickte, war es um ihn geschehen. Von diesem Tage an war von dem jungen Moorbauern keine Spur mehr zu finden. „Er ist im Moor, die Hexe hat es ihm angetan", raunte die Pilzgrete zum alten Moorbauern, den, weil er nichts ausrichten konnte, der Zorn ergriff.

Eines schönen Tages jedoch kehrte der Sohn zurück, doch er war nicht allein. Er führte Grimetto an der Hand und erklärte, dass er sie heiraten wolle. Dem alten Moorbauern war das gar nicht recht und er hetzte seine großen Hunde auf die Hexe. Die floh in Windeseile vom Hof und vergaß sogar ihre Zauberkünste. Als sie fort war, erwachte der junge Moorbauer aus einem bösen Traum. Er sah den Vater und all sein Erbe in einem hellen, warmen Licht. „Das ist noch einmal gut abgegangen", rief die Großmagd, „denn beim Neumond wäre es zu spät gewesen, dann wäre ihre Macht zu groß gewesen."

Ein Jahr verging, der junge Moorbauer fand eine Liebste, die er heiratete. Doch wollte sich auf dem Moorhof kein Glück einstellen, da alle Kinder, die sie zeugten, jung starben. „Die Moorhexe sitzt ihm im Blut", tuschelten die Leute. Über so viel Gram starb der alte Bauer und auch die junge Bäuerin hauchte ihr Leben aus. Die Leute aber redeten weiter, und es wurde einsam auf dem Hof. Nach vielen Jahren fuhr der Moorbauer mit seinem Gespann zu einer Hochzeit übers Land. Als er am Venner Moor vorüberkam, gedachte er der schönen Hexe mit den grünen Augen. Da scheuten plötzlich die Pferde, die beiden Rappen bäumten sich auf und der Wagen schlug zur Seite ins Moor. Ein schriller Schrei und ein unheimliches Lachen ertönten vom Rande des Moores. Die herbeieilenden Knechte fanden den Moorbauern erschlagen unter seinem Wagen. Rasch verbreitete sich die Kunde und die Leute meinten: „Das hat die Hexe Grimetto getan!"

DAS HEXENMAHL

Einst, es soll sich vor etwa 150 Jahren begeben haben, kam ein Wanderer aus Settrup des Nachts an den Queckenberg bei Klein Bokern. Da sah er in der Ferne ein Feuer leuchten. Als er durch die Dunkelheit darauf zuging, erblickte er einen großen Kreis von Frauen, die um eine prächtige Tafel saßen. Jede von ihnen hatte etwas für das Mahl mitgebracht. Ohne sich lange zu bedenken, setzte sich der Wanderer auch mit an den Tisch. Alsbald kam ein Koch und fragte jede von den Frauen, was sie mitgebracht habe. Da nannte die eine diese, die andere jene Speise. Als aber die Reihe an den Fremden kam, versetzte er dem Koch einen heftigen Schlag und verkündete: „Ick häw 'en Slag, den use Herrgott 'en Düwel gaw." (Ich hab' einen Schlag, den unser Herrgott 'nem Teufel gibt.) Kaum hatte er das gesagt, da war die gesamte Gesellschaft verschwunden. Der Kessel aber, der über dem Feuer hing, blieb zurück. Ihn nahm der Wanderer mit nach Settrup, wo er noch lange nachher aufbewahrt wurde.

DER GEFUNDENE HUT

Zu Glane im Amte Iburg, so wird erzählt, lebte einmal ein Bauer, dessen Gehöft abgebrannt war. Und da es damals noch keine Brandkasse gab, machte er sich auf, um nach alter Sitte Gaben zum Bau seines Hauses einzusammeln. Auf seinem Weg kam er über den Tüdderdresk, wo er einen neuen Hut fand, den er sogleich aufsetzte. Nach mehreren Tagen gelangte er bis nach Hannover. Und wie er dort so durch die Straßen ging, nahm ihm auf einmal einer den gefundenen Hut weg und sprach: „Als ich den das letzte Mal sah, war er mein!" Als der Bauer sich aber nach dem, der das gesagt hatte, umsehen wollte, war niemand zu sehen. Da merkte er wohl, dass der Hut einem Zauberer gehörte, denn Zauberer und Hexen dürfen Dinge, die sie auf ihrer Fahrt verlieren, nicht aufheben, und man hat von jeher gesagt, dass sich auf dem Tüdderdresk die Hexen gern zum Tanz versammeln. Von hier sollen sie oft in nur einer Stunde bis nach Amsterdam gefahren sein.

KATZEN AUF DER RUMPESHORST

Nahe Wittlage, in den weiten Wiesen unterhalb des Dorfes Wimmer und fern von Verkehrswegen lag einst die Burg Rumpeshorst. Hier sollen, wie es der Volksmund weiß, einst Raubritter ihr Unwesen getrieben haben, bis die Burg zerstört wurde und die raubenden Ritter das Versprechen gaben, sich nie wieder in der Angelbecker Mark anzusiedeln. Sie hielten ihr Versprechen und errichteten, nicht weit entfernt, aber jenseits der Hunte, ihre neue Burg. Unstreitig ist, dass die kleine Burg Rumpeshorst im Verlauf heftiger Grenzkämpfe im Jahre 1346 durch den Bischof von Osnabrück und den Grafen von Ravensberg und Diepholz dem Erdboden gleichgemacht wurde.

Von den Bauersleuten, die nachher auf der Rumpeshorst wohnten, wissen die Alten zu berichten, dass sie einst von einer Unzahl Katzen überfallen wurden und vor ihnen flüchten mussten. Da erbot sich der Bauer Volbert aus dem nahen Dorfe Wimmer, sie zu bannen. Er ging also zum Rumpeshorst, machte um die Herdstelle einen Kreis mit Kreide, setzte sich in diesem nieder und kochte in dem großen Herdkessel Wasser. Die Katzen kamen neugierig herbei, konnten aber nicht in den Kreis eintreten. Die erste lud der Bauer mit den Worten ein: „Lieb' Kätzlein, setz' Dich hier!" Diese setzte sich an den Kreis und sprach unter vielen wunderlichen Verbeugungen zu einer andern Katze:

„Lieb' Kätzlein setz' Dich hier,
spricht Heinrich Volbert zu mir."

Auch sie setzte sich an den Kreis. Nachdem diese Einladung so weiter bis an die letzte Katze gekommen war, saßen sie zuletzt alle um den Kreis herum. Unterdessen war das Wasser kochend geworden. Der Bauer schöpfte davon und begoss damit die Katzen. Diese flohen nun heulend davon. Am anderen Morgen aber hatten fast alle alten Weiber des Dorfes Brandwunden.

BAUER HINRICH UND DIE HEXENGESELLSCHAFT

Auch in der Gegend von Glandorf trieben einst Hexen ihr Unwesen. Namentlich dem alten Bauern Hinrich sollen sie arg mitgespielt haben. Den führten sie oft in die Irre und taten ihm sonst einen Schabernack an, und wenn er dann gar nicht mehr wusste, wo er war, riefen sie ihm lachend zu: „Hinrich, süist du wo de bist?" (Hinrich, siehst Du wo Du bist?) So ging es ihm auch einmal, als er abends mit einem Schinken unter dem Arm heimwärts wollte. Da sah er nämlich eine ganze Gesellschaft von Hexen bei einem Feuer sitzen, und alsbald zogen sie ihn in ihre Mitte, ließen ihn Platz nehmen und hängten den Schinken über das Feuer. Am andern Morgen aber fand er sich in seinem Bett wieder, ohne dass er wusste, wie er nach Hause gekommen war. Darum ging er noch einmal an die Stelle, um zu sehen, was aus seinem Schinken geworden sei. Als er hinkam, war weder vom Feuer noch vom Schinken eine Spur zu finden, wohl aber fand er den Ort, wo er gesessen hatte, und ringsum im Schnee waren zahllose Spuren von Katzenpfötchen zu sehen.

DIE HEXE AM SCHWEDSBERG

Der Schwedsberg, auf halbem Weg zwischen Ankum und Druchhorn, ist eine kleine, von finsteren Tannen bestandene Anhöhe, um die sich vielerlei Sagen ranken. Seit jeher eilen die Menschen scheu und ängstlich an ihm vorüber, wenn sie es nicht sogar vorziehen, den weiteren Weg über die Nortruper Land-straße einzuschlagen. Es sind nicht nur die drei unheimlichen Kartenspieler, die mit ihrem großen Hund die Leute erschrecken, sondern ebenso Hexen und Zauberer, die hier ihr Unwesen treiben. So ging ein Mann aus Ankum einst in der Johannisnacht über den Schwedsberg nach Druchhorn. Undurchdring-liches Dunkel hing über dem Lande, kein Mond und keine Sterne erhellten dem einsamen Wanderer den Weg. Schon hatte der Mann den Schwedsberg beinahe hinter sich, als er plötzlich von Grauen und Entsetzen wie gelähmt stehen blieb. Ein blasser, bläulicher Lichtschein tauchte zwischen den Tannen auf, flackerte hier und zuckte dort. Das matte Licht ließ den Mann eine alte, erschreckend hässliche Frau erkennen, die rittlings auf einem Besenstiel saß und zwischen den Bäumen hin- und herflog. Höhnisch und voll böswilliger Schadenfreude kicherte sie dabei vor sich hin, ab und zu dicke Rauchwolken aus ihrer Pfeife stoßend, die sie in ihrem zahnlosen Mund hielt.

Furchterfüllt, mit wild pochendem Herzen sah der Mann, wie die Alte am Kreuzweg auf dem Gipfel des Schwedsberges ihr seltsames Reittier anhielt, langsam herabkletterte und einen wilden, ausgelassenen und schamlosen Tanz aufführte. Dann, nach einer Weile schwang sie sich wieder auf den Besenstiel und nahm ihren unsteten Ritt zwischen den Bäumen wieder auf.

Da fiel die Erstarrung von dem Mann ab, die ihn bisher an seinem Platz gebannt hatte. Von Grauen geschüttelt drehte er sich um und eilte spornstreichs nach Ankum zurück. Fortan hütete er sich, jemals wieder bei Nacht den Weg zu benutzen, der über den verrufenen Schwedsberg nach Druchhorn führt.

IM HEXENHOLZ

Auch das Lüdeken Holz in Pente war früher ein beliebter Tummelplatz von Hexen und Zauberern. Oftmals hielten sie hier ihre Zusammenkünfte ab, an denen häufig sogar Satan selbst teilnahm, der oberste Hexenmeister. Direkt an dem Weg, der durch den dichten Wald führt, stehen an einer Stelle ein alter Kastanienbaum und eine alte Eiche. Eines Nachts, als hier ein Wanderer aus Pente vorüberging, glaubte er, zwischen den beiden Bäumen etwas zu sehen. Als er stehen geblieben war und seine Augen anstrengte, bemerkte er eine alte, überaus hässliche Frau, die dort im schwachen Lichtschimmer mit einem Mann einen wilden, ausgelassenen Tanz aufführte. Als der heimliche Beobachter jedoch genauer hinsah, erkannte er, dass der Mann grüne Jägerkleidung und einen Hut mit spitzer Hahnenfeder trug. Auch bemerkte er, dass der grün Gewandete das linke Bein merkwürdig nachzog. Und plötzlich gewahrte er, dass dieses Bein nicht mit einem menschlichen Fuß endete, sondern mit einem schwarzen, haarigen Pferdehuf. Da wusste der Mann, was die Glocke geschlagen hatte und machte sich schleunigst davon. Heilfroh war er, dass er aus diesem Abenteuer unbehelligt herauskam, denn er wusste, dass weder mit Hexen, noch mit dem Leibhaftigen zu spaßen war.

DIE HASEMEIERSCHE

Der Herr von Langen war einmal mit einigen Freunden auf die Jagd gegangen. Schon den ganzen Morgen über hatten die Hunde vergeblich gesucht, als sie einen großen Hasen auftrieben. Mehrere Stunden wurde er von den Jägern verfolgt, ohne dass man ihn auf Schussweite bekommen konnte. Endlich näherte sich die Jagd einem Bauerhofe. Da rief ein kleiner Bauerjunge hinter einer Hecke hervor: „Moor loopt, de Langensken Hunde sind achter ju!" (Mutter lauf, des Langens Hunde sind hinter dir!) Der Hase schlüpfte darauf durch das Hühnerloch ins Bauernhaus, und als die Jäger gleich nach ihm ins Haus stürmten, fanden sie keine Spur von dem Tier, nur ein altes Mütterchen, das keuchend am Herde saß.

SIEBEN HASEN

Von seinem Anstand aus sah einmal ein Jäger aus Ankum sieben Hasen, die sich auf einem Kohlfeld in den wunderlichsten Sprüngen tummelten. Da befürchtete der Jäger, dass es wohl sieben Hexen wären, die dort tanzten, und er machte sich eilends davon. Ein anderer Jäger, der diesen Hasentanz beobachtete, hatte mehr Mut. Er schlich sich näher heran, lud seine Flinte mit Bleikugeln und schoss auf die sonderbaren Tiere. Aber die Kugeln taten ihnen nichts. Da nahm er seine silbernen Ohrringe ab und zerdrückte sie. Dann steckte er die Silberstückchen in den Lauf und legte erneut auf die Hasen an. Doch kaum war der Schuss losgegangen, da verwandelten sich die Hasen auf einmal in junge Mädchen.

EINE UNHEILVOLLE KRÖTE

Vor ewigen Jahren geschah auf einem Bauernhof zu Bippen viel Unglück. Ein Stück Vieh starb nach dem anderen. Schon lange vermutete man, die böse Nachbarin trage Schuld an all dem Unheil. Ein Beweis dafür ließ sich jedoch nicht erbringen. So geschah es eines Tages, dass der Knecht, der mit der Forke Stroh auf die Diele getragen hatte, in der Nähe des Herdfeuers eine dicke, hässliche Kröte hocken sah. Er nahm das Tier auf seine Forke und trug es hinaus, verletzte ihm dabei aber einen Hinterfuß. Seit der Zeit hörten die Unglücksfälle auf, die Nachbarin aber hinkte und klagte über einen schlimmen Fuß.

AM WESTERBACH

Gar lustig plätschert der kleine Westerbach durch die dichten Wälder bei Aslage und erfüllt den stillen Wald mit munterem Gemurmel. Unscheinbar und harmlos wirkt der Bach auf den arglosen Wanderer. Doch die Sage weiß zu berichten, dass sich hier die Geister und Gespenster, die armen Seelen und die Irrlichter ein Stelldichein geben. Mancher hat dort auch schon kleine Männlein mit grauem Rock und spitzem Hut gesehen, die geschäftig umhereilten, kleine, hellgrüne Feuer anbrannten und darauf kochten. Besonders, wenn die Nachtnebel aus dem Westerbach steigen und das Käuzchen seinen hohlen Ruf ertönen lässt, dann huschen kleine Lichter über den Boden, hüpfen hin und her, zucken

An friedlichen Bächen, die durch abgelegene Wälder plätschern, gaben sich Geister und Gespenster, arme Seelen und Irrlichter ein Stelldichein.

auf und verlöschen. Bläuliche Flämmchen züngeln um Baum und Strauch und zittern über struppiges Heidekraut. Manchem Fremden wurden diese Irrlichter zum Verhängnis, die von Weitem schwankenden Laternen gleichen. Derart fehlgeleitet, fand schon so mancher Wanderer im stillen Moor oder in tückischen Heidekolken ein bitteres Ende.

Eines Tages, so wird erzählt, hatte ein Bauer aus Aslage ein fettes Schwein nach Fürstenau gebracht und dafür eine hübsche Summe Geld eingestrichen. Als er nun das Geld so lustig im Beutel klimpern hörte, fasste ihn der Leichtsinn, sodass er bis spät in die Nacht im Wirtshaus zechte. Auf seinem Heimweg kam der Bauer an den Westerbach, wo er etwas Dunkles vor sich auf dem Weg liegen sah, das ihn mit feurigen Augen anstarrte. Der Mann ergriff seine Peitsche und schlug mit Macht auf die schwarze Gestalt ein. Mit einem Satz setzte die über den Bach und verschwand in der Finsternis. Doch nur einen Augenblick später warf sich eine schwere Last krachend auf den Wagen. Trotz allem Zureden und Peitschenknallen war es den starken Pferden nicht mehr möglich, den Wagen von der Stelle zu bekommen. Den Bauern überrannte ein eisiger Schauer und es wurde ihm gar unheimlich. Hastig spannte er die Pferde aus, ließ den Wagen zurück und machte, dass er fortkam.

Als ein anderer Bauer aus Aslage zu später Stunde am Westerbach vorbei kam, hörte er, wie ihn jemand aus dem Gebüsch anrief. „Hehe, hehe!", machte es. Neugierig trat er näher heran, da klatschten ihm plötzlich von unsichtbaren Händen ein paar gewaltige Ohrfeigen ins Gesicht, sodass er sich eiligst davonmachte. Noch heute schlagen ängstliche Menschen ein Kreuz, wenn sie hier vorbeieilen. Aber auch den weniger Ängstlichen klopft das Herz schneller, wenn am Westerbach die Käuzchen rufen und die Irrlichter flirren.

DAS HOLZ VOM KRÜSSBÄRNSTOCK

Vor Zeiten war es üblich, dass die Frauen auf dem Lande rote Unterröcke trugen. So war es auch in der Gegend um Bippen. Hier lebte ein armes Dienstmädchen, das von seiner Großmutter etwas von der Hexerei gelernt hatte. Das Mädchen war sehr betrübt darüber, sich keinen solchen roten Unterrock kaufen zu können. Eines Tages war sie mit dem Bauern auf dem Felde bei der Arbeit, als zwei mit Heu beladene Wagen vorbeifuhren. Da fragte das Mädchen ihren Herrn: „Wat gew Ji mi, wenn ik den Heiwagen ümmesmiete?" (Was gebt Ihr mir, wenn ich den Heuwagen umwerfe?) Der Bauer antwortete: „'Nen roen Rock." (Einen roten Rock.) Daraufhin sah das Mädchen den vordersten Wagen scharf an, murmelte dann aber missmutig:

„De Krüßbärnstock	*(Der Kreuzbeerenstock*
versegg mi'n roen Rock!"	*versagt mir den roten Rock!)*

Die Sprossen der Wagenleiter bestanden nämlich aus dem Holz des Kreuzbeerenstrauches, von dem man in jenen Tagen glaubte, es helfe gegen allerlei Hexerei, weil doch das Kreuz Christi von diesem Holze gewesen sein soll. Darauf richtete die junge Hexe ihren Blick auf den zweiten Wagen, der von anderem Holze war. Nur ein Augenblick, dann schwankte er und fiel um. Und der Rock war verdient.

NACH DER ZUSAMMENKUNFT

Auch in Quakenbrück sind jene Zeiten noch gar nicht so lange vergangen, in denen die Bewohner an Hexen und Zauberer glaubten, die Vieh und Feldfrüchte schädigen und auch den Menschen Leid antun konnten. Hier und dort im Osnabrücker Lande gibt es noch heute jene Orte, an denen man die geheimen Tummelplätze dieser Unglückstifter vermutete. Verborgene Orte, wo sie ihre verderblichen Pläne schmiedeten und ausgelassene Feste feierten. Auch an der Hasemühle im Ellerbrock war eine Stätte, die nicht recht geheuer war. Denn dort befand sich, so wussten es die Ältesten bestimmt, ein Stelldichein der Hexen und Zauberer mit ihrem obersten Hexenmeister, dem pferdefüßigen Versucher. Aus allen Teilen des Landes, so erzählte man sich, kamen die verteufelten Gestalten in bestimmten Nächten zusammen, um hier ihr Unwesen zu treiben. Auf Besenstielen, auf Forken und Ziegenböcken kamen sie um Mitternacht durch die Luft geflogen, um bei Morgengrauen wieder zu verschwinden. Eines Morgens nun kamen zwei Männer über die Felder und sahen einen Mann aus Nortrup traurig und müde im Straßengraben sitzen. Als sie ihn fragten, was er hier treibe, erzählte er ihnen, dass er an einer Zusammenkunft im Ellerbrock teilgenommen habe. Dabei wäre ihm seine Tarnkappe gestohlen worden, sodass er nun nicht durch die Luft nach Hause reiten könne, sondern zu Fuß laufen müsse. Dabei sei er aber so müde geworden, dass er sich eine zeitlang in den Graben gesetzt habe, um auszuruhen. Die beiden Männer erkannten nun, was sie von ihrem Gegenüber zu halten hatten. Es wurde ihnen so unheimlich, dass sie eilends machten, dass sie davonkamen.

DER HEXENRITT

Unweit von Ankum stand vor langer Zeit eine baufällige Hütte, die von zwei Frauen bewohnt war. Die beiden Frauen – es waren Mutter und Tochter – standen im Rufe, Hexen zu sein und Hexenwerk zu treiben. Und wenn in Köln eine Zusammenkunft aller Hexen stattfand, nahmen auch die beiden Frauen daran teil. Sie rieben sich dann mit einer geheimnisvollen Salbe ein und sagten die Worte:

„Ower Buske, ower Boom,	*(Über Busch, über Baum,*
ower Hagen, ower Tuun,	*über Hecken, über Zäune,*
ower Woater, ower Stroom,	*über Wasser, über Strom,*
noah Köln in'n Wienkeller!"	*nach Köln in den Weinkeller!)*

Eine unsichtbare Macht hob sie darauf in die Lüfte davon an den gewünschten Ort. Eines Tages belauschte ein Mann die beiden Frauen, merkte sich den Aufbewahrungsort der Salbe und die Beschwörungsworte. Als die Hexen fort waren, tat der Mann es ihnen gleich, rieb sich mit der Salbe ein und sprach die Worte. Irrtümlich aber sagte er nicht „Ower Buske, ower Boom", sondern „Dör Buske, dör Boom". Und es erging ihm genau, wie er gesagt hatte. Durch Busch und durch Baum ging sein wilder Hexenritt, bis er schließlich zerschunden und blutend und mit zerrissenen Kleidern in Köln ankam.

Aber als der Mann einige Zeit später wieder nach Ankum zurückfliegen wollte, o weh, da wusste er den Zauberspruch nicht mehr. Da sah er plötzlich in seiner Nähe einen dreibeinigen Ziegenbock. Er setzte sich auf das Tier und sagte: „Immer fort! Immer fort!" Kaum hatte er das gesprochen, als der Ziegenbock mit seinem Reiter auf dem Rücken mit einem gewaltigen Satz über den Rhein sprang. „Donnerwiär", rief der Mann verblüfft, „dat was'n goen Sprung för'n dreibeinigen Szeegenbuck!" (Donnerwetter, das war ein guter Sprung für einen dreibeinigen Ziegenbock!) Und da war der Ziegenbock plötzlich spurlos verschwunden. Hilflos und ratlos stand der Mann am Rheinufer, und es blieb ihm nichts anderes übrig, als den langen Weg in die Heimat zu Fuß anzutreten.

Ein Wandbild in der Altstadt erinnert daran, dass die wahnhafte Hexenverfolgung auch in Osnabrück zahlreiche Opfer fand.

EIN WACKERER BAUER

Weithin im Osnabrücker Land war man davon überzeugt, dass die Hexen stets darauf bedacht waren, den Menschen Übles anzutun oder ihnen einen Schabernack zu spielen. Manchmal aber konnte es geschehen, dass sie an den Falschen gerieten, an einen, der ihre Künste und Tücken nicht fürchtete. Wie einmal eine Hexe ihre teuflische Kunst an einem solchen wackeren Manne erproben wollte und was dann geschah, davon erzählt man sich in Aslage. Dort wohnte einst eine alte Frau, von der bekannt war, dass sie in Hexen- und Teufelsdingen wohl erfahren war und dass sie ihre helle Freude daran hatte, ihren Mitmenschen einen Streich zu spielen. Eines Tages kam ein Bauer aus Aslage mit einem Fuder Holz an dem Haus der Hexe vorbei. Gerade als sich der Wagen vor der Haustür der Hexe befand, blieb er plötzlich stehen. Vergebens legten sich die Pferde ins Zeug, mühten sich redlich und spannten alle Muskeln an. Doch vergebens trieb sie der Bauer mit ermunternden Zurufen und Zügelrücken an. Es war, als seien die Wagenräder am Boden festgewachsen. Sie rührten sich einfach nicht.

Doch der Bauer wusste, was er von dem seltsamen Geschehnis zu halten hatte. Furchtlos betrat er das Haus der Hexe und sagte zu der, die dort saß und ihm hämisch entgegengrinste: „Lässt du meinen Wagen nicht sofort los, so schlag ich dir die Knochen entzwei!" Die Frau spielte die Entrüstete und Gekränkte und wies dem Bauern die Tür. Der aber, nicht faul, ergriff einen derben Eichenknüttel und schlug mit Wucht in die Speichen eines Wagenrades. Im gleichen Augenblick bewegten sich die Räder wieder und die Pferde konnten den Wagen ohne große Anstrengung weiterziehen. Die Frau im Hause aber schrie und jammerte, denn einer ihrer Arme war entzweigeschlagen. So gelang es dem Bauern, den Bannspruch der Hexe zu lösen, die die Räder seines Wagens mit unsichtbaren Armen festgehalten hatte.

DER TOTENHUND

Auch in Gehrde lebte einst eine alte Frau, die von allen Menschen gemieden wurde. Es ging von ihr das Gerede, dass sie eine Hexe sei und mit dem Teufel im Bunde stehe. Man konnte ihr jedoch nie etwas nachweisen. Schließlich, als sie endlich hochbetagt starb, wurde alles offenbar. Wie es in jener Gegend üblich war, wurde ihr Leichnam auf der Diele ihres Hauses aufgebahrt. Da trottete plötzlich durch die offen stehende Dielentür ein großer schwarzer Hund mit glühend funkelnden Augen herein. Ohne sich um die umherstehenden Menschen zu kümmern, ging er einige Male um den Sarg herum, roch hier und da und blieb schließlich am Kopfende stehen. Aufmerksam sah er der Toten einen Augenblick in das eingefallene Gesicht, wandte sich dann ab und lief durch die Dielentür wieder davon, wie er gekommen war. Da wussten die Menschen von Gehrde, dass es der Höllenfürst selbst gewesen war, der nach seiner alten Freundin gesehen und ihr zugeflüstert hatte, dass sie nun für immer in sein höllisches Reich aufgenommen würde. Denn der Teufel vergisst seine treuen Diener auch im Tode nicht!

EINE UNHEIMLICHE GABE

Im Osnabrücker Land waren auch die „Spökenkieker" nicht selten. So nannte man jene Menschen, die die unheimliche Fähigkeit hatten, Geschehnisse der kommenden Zeit im Voraus zu sehen. Doch da es sich bei den Vorhersagen zumeist um Unglücks- und Todesfälle handelte, war dies ein bedrückendes Los, das die so Begabten in bedachtsame, ja freudlose Stimmung versetzte. So erzählt man sich in Ankum von den beiden Brüdern Straßenburg, die die Gabe des zweiten Gesichts hatten. Besonders ausgeprägt war sie bei Hinnerk Straßenburg, dem älteren Bruder, der von Beruf Zimmermann war. Viele Ereignisse hatten die beiden Brüder schon vorausgesagt, die auch immer regelmäßig eintrafen. Eines schönen sonnigen Tages gingen sie um die Mittagszeit über die Ankumer Dorfstraße. Als sie an der Kirche vorüberkamen, die hoch über den kleinen Häuschen ihre verwitterten Mauern emporreckte, blieben sie plötzlich stehen und sahen zur Kirchtür hinauf. Hinnerk fragte seinen Bruder: „Bist du das, oder bin ich das?" Dabei wies er auf eine Stelle vor der Kirchtür hin, wo ein gewöhnlicher Sterblicher nichts hätte entdecken können, als zitternde, goldene Sonnenflecken. Die beiden Brüder aber sahen etwas ganz anderes, nämlich einen offenen Sarg, der dort auf dem Boden stand. Sie stiegen den Kirchhügel hinauf und traten an den Sarg, damit sie das Gesicht des Toten sehen konnten. Und da antwortete der jüngere Bruder auf Hinnerks Frage: „Nein, das bin ich!" Ruhig und gelassen schritten sie davon und setzten ihren Weg fort, ohne noch weitere Worte zu machen. Derjenige aber, der sich selbst hatte im Sarg liegen sehen, bereitete sich auf den Tod vor. Und nur wenige Wochen später ging er aus der Zeit. Sein Sarg wurde vor der Kirchentür aufgestellt, genau so, wie er und sein Bruder es vorausgesehen hatten.

DER GEISTERSEHER

In Ankum weiß man auch noch von einer anderen Sage über das zweite Gesicht. Gerade erst war das neue Jahr ins Land gezogen, als der junge Kaplan am Fenster seines Zimmers stand. Er war der jüngste Sohn eines Bauern aus der Umgebung des Kirchdorfes und sah versonnen in die sternenklare Neujahrsnacht hinaus. Plötzlich aber, als er zur Kirche empor sah, schrak er zusammen. Heller Lichtschein fiel aus den hohen Fenstern in die dunkle Nacht hinaus. Was war das? Wer hielt sich um diese Zeit noch in dem Gotteshaus auf? Kurz entschlossen warf er sich seinen Umhang über und stapfte durch den tiefen Schnee den Kirchhügel hinauf. Die Kirchtür war verschlossen, aber der junge Geistliche trug den Schlüssel bei sich und öffnete. Rasch trat er ein und zog die Tür hinter sich zu. Erstaunt gewahrte er, dass die Kirchenbänke von Gläubigen besetzt waren, von Männern und Frauen aus dem Dorf und der Umgebung, die ihm alle wohlbekannt waren. Sie trugen ihren Sonntagsstaat und hielten andächtig die Hände gefaltet. Der Kaplan trat an eine Bank heran und fragte den dort knienden Mann, warum sie alle zu dieser späten Stunde hierhergekommen seien, und wer sie in die Kirche eingelassen habe. Er erhielt jedoch keine Antwort und fragte noch einmal. Da wandte der Angeredete seinen Kopf und blickte den Fragenden mit leeren, erloschenen Augen an, ohne jedoch den Mund zu öffnen. Ein kalter Schauer überlief den Kaplan. Er trat also an eine andere Bank. Auch dort erhielt er auf seine Fragen keine Antwort. Und als er den Angesprochenen am Arm fassen wollte, ging sein Griff ins Leere. Da wandte er sich voll Grauen ab und eilte hinaus. Als er kurze Zeit später mit dem Pfarrer zurückkehrte, lag das Gotteshaus still und dunkel. Nichts war zu hören oder zu sehen. Lächelnd meinte der Pfarrer, sein junger Amtsbruder habe wohl einen schweren Traum gehabt.

Die Menschen aber, die der Kaplan in der Neujahrsnacht in der Kirche als andächtige Gläubige gesehen hatte, starben alle im Verlaufe des Jahres. Und in jeder Neujahrsnacht wiederholte sich das Geschehen, bis der Geistliche sich eines Tages selbst am Altar stehen sah. Da wusste er, dass auch seine Zeit gekommen war, und er bereitete sich auf den Tod vor. Und in der letzten Nacht des alten Jahres schloss er für immer seine Augen.

◀ *Von zahlreichen Sagen ist auch der „Artländer Dom" zu Ankum umwoben.*

DER SPÖKENKIEKER

Vieles wissen die Menschen des Osnabrücker Landes über die Spökenkieker zu erzählen. So lag in der Nähe von Voltlage einst ein großer Hof, auf dem schon seit Jahren ein schlichter und rechtschaffener Knecht lebte. Eines Nachts erwachte dieser und stand auf, weil er glaubte, ein verdächtiges Geräusch vernommen zu haben. Lauschend schritt er durch das Haus. Als er jedoch auf die Diele kam, blieb er wie vom Donner gerührt stehen, denn inmitten der Diele stand ein offener Sarg, an dessen Kopf- und Fußende je zwei Kerzen trübe flackerten. Der Knecht erinnerte sich an die merkwürdigen Gesichte, die ihn schon des Öfteren überkommen und ihm bevorstehendes Unheil angekündigt hatten. Er überwand also seine Scheu und schritt beherzt auf den Sarg zu, um den Toten zu sehen. Das Gesicht vermochte er jedoch nicht zu erkennen, da es wie von einem dichten Schleier verhüllt war. Um aber die Person trotzdem feststellen zu können, schnitt er dem Toten ein Büschel Haare ab. Wie aber erschrak der Knecht, als er am nächsten Morgen vor dem Spiegel bemerken musste, dass ihm selbst ein Büschel Haare abgeschnitten worden war. Er selbst war es demnach gewesen, den er in der Nacht auf der Diele aufgebahrt gesehen hatte. Kurz entschlossen schnürte er sein Bündel, kündigte seinen Dienst auf und wanderte weit fort. So hoffte er, sein eigenes zweites Gesicht Lügen strafen zu können.

Monate gingen ins Land, der Knecht hatte sein Erlebnis schon wieder vergessen, als er sich eines Tages wieder nach Voltlage begab, um hier das Schützenfest zu feiern. Als er mit seinen Bekannten an dem Hof seines früheren Herrn vorüberschritt, sank er plötzlich bewusstlos zusammen und seine Begleiter trugen ihn rasch in das nahe Haus. Am selbigen Abend noch verstarb er und wurde auf der Diele aufgebahrt, so wie er es selbst gesehen hatte. So war das Vorhergesehene doch erfüllt worden, denn es ist vergeblich, vor dem eigenen Schicksal davonzulaufen.

VI.

VERSUNKEN UND EWIG VERDAMMT

Wenn ganze Kutschen, vollständige Klöster und Wirtshäuser plötzlich im Erdboden versinken, dann waren in der Vorstellung unserer Vorfahren überirdische Kräfte am Werk. Sie sorgten dort, wo weltlichen Gerichten kein Zugriff gegeben war, für Gerechtigkeit und straften diejenigen, die ihre Sonntagspflichten vernachlässigten, der christlichen Tugenden überdrüssig waren oder den Namen Gottes lästerten. Dann tat sich, so hat es sich in den Sagen überliefert, plötzlich der Erdboden auf und verschluckte die Frevler und Missetäter, über denen sich dann, gütig die Sünde verbergend und zur ewigen Mahnung, ein düsterer Teich oder See bildete. Auch im Osnabrücker Land sind diese Sagen verbreitet. Heute werden sie mit der Naturerscheinung eines sogenannten Erdfalls in Verbindung gebracht, bei dem ausgespülte Hohlräume im Erdboden zusammenstürzen und sich mit Grundwasser füllen. Der größte Erdfall im Raum Osnabrück fand wahrscheinlich um das Jahr 1000 n. Chr. statt und hinterließ den Darnsee. Wie anderswo auch zogen die christlich motivierten Erklärungen für solch beeindruckende Naturerscheinungen eine ganze Reihe weiterer Sagen nach sich, denen dann jedoch häufig die uralten Götterlehren zugrunde lagen. Denn auch angesichts der zunehmenden Zahl von Kirchtürmen im Lande blieben viele Elemente der alten Götter und Naturreligionen lange im Volksglauben verwurzelt und halfen den Menschen, jene erschreckenden Phänomene zu erfassen.

DER ALKENKRUG

In uralten Zeiten, als das Dorf Alfhausen noch keinen Namen hatte, lagen in jener Gegend des Osnabrücker Landes nur zwölf Hofstellen. An Sonn- und Feiertagen gingen die Bewohner dieser Häuser über die Westerholter Heide nach Merzen zur Andacht, weil es ihnen noch an einer Kirche fehlte. Eines dieser Häuser stand weitab in der Heide bei den alten Hünengräbern auf dem Giersfeld. Es wurde „Der Krug" genannt, weil die Kirchleute sich dort bei einem Kruge Bier von ihrem langen Weg zu erholen pflegten. Der Wirt in dem Haus, der Alke hieß, dachte jedoch mehr an seinen Verdienst als an den lieben Gott. Er hatte immer viel Zeit

Wo die Wälder dunkel und die Wege einsam werden, blieben die alten Götter lange im Volksglauben lebendig.

und nötigte die Leute zum Trinken, indem er versicherte, sie kämen noch früh genug zum Gottesdienst. So kamen die Leute nur selten zur rechten Zeit in die Kirche. Da aber der Wirt von seinem üblen Brauch nicht lassen wollte, traf ihn die strafende Hand Gottes. Als er wieder einmal Kirchgänger bei sich hatte, fluchte er, sein Haus solle im Boden versinken, wenn sie nicht noch genug Zeit hätten. Und siehe, da versank sein Haus, das auf einer kleinen Anhöhe stand, samt der Scheune, und er mit ihnen. An selbiger Stelle entstand eine tiefe Wasserkuhle, die noch heute „Alkenkuhle" genannt wird. Darüber erschraken die Leute ganz gewaltig. Zum ewigen Andenken, und auch um den „Alkenkrug" für immer aus ihrer Gemeinschaft auszuschließen, nannten sie die übrig gebliebenen elf Häuser „Alfhausen" und bauten sich eine eigene Kirche. An der Stelle aber, wo der Wirt mit seinem Hause unterging, treibt der Alke noch jetzt zur nächtlichen Stunde sein Unwesen. Wenn um Mitternacht bei dieser Wasserkuhle der Alke dreimal gerufen wird, dann erscheint er in Gestalt eines feurigen Rades und reißt den, der ihn gerufen hat, mit sich in den Abgrund.

Heute wissen wir, dass die zwei trichterförmigen Kuhlen auf dem Giersfeld bei Alfhausen, von denen eine als Alkenkuhle bezeichnet wird, natürlichen Ursprungs sind. Es handelt sich um sogenannte Toteislöcher, in denen sich gegen Ende der Saaleeiszeit noch lange Eis gehalten hat, dessen Tauwasser schließlich die Kuhlen ausgewaschen hat. Auch die Mutmaßung, die Vorsilbe „Alf" des Ortsnamens leite sich von der plattdeutschen Zahl elf ab und bezeichne damit „elf Häuser", ist nicht haltbar. Vermutlich leitet sich der im Jahre 977 beurkundete Ortsname „Alfhuson" von einem Rufnamen ab und bedeutet damit etwa „das Haus, in dem Alf wohnt". Wahrscheinlich wurde der Name eines Haupthofes in der näheren Umgebung, der einst einem Mann namens Alf gehörte, auf den Ort übertragen. Doch daraus wäre wohl nie eine Sage entstanden.

ALKES FEUERRAD

Und daher fand die Geschichte um die mysteriöse, von dunklem Wasser gefüllte Kuhle in den Erzählungen unserer Vorfahren einen sagenhaften Fortgang. Als einst der Bauer Grumfeld, dessen Haus nicht weit von der Alkenkuhle liegt, mit einigen Freunden beim Bier saß und sie darauf zu sprechen kamen, wer das beste und schnellste Pferd habe, schwor Grumfeld bei Donner, Doria und schwerer Not, er wolle in der nächsten Nacht auf seinem Schimmel zur Kuhle reiten und den Alke zum Wettstreit herausfordern. Die anderen nahmen ihn beim Wort und wetteten neun Pfund Silber, dass er das nicht fertig bringe. Grumfeld ging die Wette ein und machte sich am folgenden Tage bereit. Er striegelte und putzte den Schimmel und führte ihn zunächst einmal am hellen Tage an die Alkenkuhle. Er zeigt ihm den Weg und die ganze Gelegenheit und Gestalt des dunklen Ortes und suchte ihm deutlich zu machen, worauf es in der Nacht ankäme. Das kluge Tier, das alles begriff, kam dann in schnellem Laufe mit seinem Herrn zurück. Der gab ihm nun das Beste zu fressen, was er hatte und zeigte ihm auch die große Tür, die in der Nacht offen bleiben sollte. Vor allem aber betete er dreimal in heiliger Andacht zum Vater, Sohn und heiligen Geist, auf dass sie ihm seine Sünden vergeben, seine Seele bewahren und ihn aus aller Gefahr erretten möchten.

Als nun Mitternacht nahe war, ritt Grumfeld, auf Gottes Hilfe hoffend, zur Alkenkuhle. Hart am Rand des finsteren Loches hielt er an, sah zum leuchtenden Sternenhimmel empor und erbat noch einmal andächtig Gottes Beistand. Es war eine sternenklare, ruhige Nacht. Kein Laut, nicht einmal ein Fuchs oder eine Eule, war zu hören. Der Schimmel stand wie eine Bildsäule und rührte kein Glied. Grumfeld betete still vor sich hin. Da hörte er die zwölfte Stunde schlagen, zuerst von Ueffeln, dann von Merzen und zuletzt von Alfhausen. Beim letzten Schlag erhob Grumfeld seine Stimme und rief laut: „Alke, kumm! Geihst du mit?" Da hörte man es in der Tiefe der Kuhle rumoren und eine Stimme, die mitten aus der Erde zu kommen schien, antwortete im Grabeston: „Töf! Den eenen Schoh will ick antücken, den annern anrücken, dann will ick di Düvel wol halen!". (Topp! Den einen Schuh hab ich schon an, der andere rückt schon von selber herbei, dann will ich dich wohl holen.) In demselben Augenblick gab der Bauer seinem Pferd die Sporen und wie der Blitz durch die Wolken jagt, wie der Pfeil vom Bogen fliegt, ging nun die höllische Jagd dem Hofe zu. Der Alke als flammendes, Funken sprühendes Rad hinterdrein. Näher und näher kam das feurige Ungetüm. Schon war es so nahe, dass es Ross und Reiter überrennen wollte, da setzte der Schimmel mit einem letzten verzweifelten Sprung durch die große Tür auf die Diele. An der Herdstelle sank Grumfeld auf die Knie und dankte seinem Schöpfer und gelobte, ihn nicht wieder zu versuchen. Das feurige Rad war dicht hinter ihm auf die Hausschwelle und den Türpfosten gestoßen und zurückgeprallt. Als Wahrzeichen und zur Erinnerung an das Abenteuer sah man dort am anderen Morgen einen verkohlten Flecken zum Beweis, dass Grumfeld nicht geträumt hatte. Und derselbe wurde noch lange nachher, nachdem der Bauer seine neun Pfund Silber eingestrichen hatte, von den Leuten besehen und bewundert.

Noch immer markiert eine tiefe Kuhle im Wald jene Stätte, wo einst ein Wirtshaus versank und der Dämon Alke hauste.

GRUMFELDS GRAUEN

Um die Mitte des 19. Jahrhunderts nahm der bekannte Reiseschriftsteller Johann Georg Kohl auch Teile des Osnabrücker Landes in Augenschein. Von dem, was er dort sah und erlebte, berichtete er in den 1864 erschienenen „Nordwestdeutschen Skizzen". Man zeigte ihm die merkwürdigen Hügel, heidnischen Gräber und uralten Versammlungsplätze und trug ihm gleich mehrfach die Sage von Alkes feurigem Rade zu. Und so traf der emsig Reisende auf einen Nachfahren des Grumfeld, den er fragte, ob er denn noch an diesen Spuk glaube. Der verleugnete dies zwar durchaus, erzählte aber gleich, dass es auch ihm einmal ganz wunderlich bei der Alkenkuhle gegangen sei. Einmal nämlich, an einem gewissen sehr nebeligen Novemberabend, musste Grumfeld nach Alfhausen, und der gerade Weg dorthin führt dicht an der Alkenkuhle vorbei. Diesmal aber, so dachte er sich, wollte er die düstere Kuhle lieber vermeiden und schlug deshalb einen weiten Umweg ein. Nachdem er wohl über eine Stunde durch die Heide gestreift war, blickte er endlich auf – in der Meinung, er müsse nun schon nahe bei seinem Ziel, dem Kirchturm von Alfhausen, sein – und schaute geradewegs in die tiefe Alkenkuhle hinein. Als er sich am Rand eben jenes Loches sah, das er weit hatte umgehen wollen, kam ihm das sehr verwunderlich und unheimlich vor. Als es ihm dann schien, dass auf dem feuchten Grunde in der Tiefe auch noch ein Irrlicht tanze, packte ihn ein Grauen. Seine Tour nach Alfhausen gab er für dieses Mal auf und kehrte spornstreichs zu seiner Wohnung zurück, wobei er sich nicht eher beruhigt fühlte, als bis er die Schwelle seines Hauses überschritten hatte und wie der Schimmel seines Vorfahren mit einem Satz auf die Mitte der großen Diele gesprungen war.

Abschließend stellte J.G. Kohl fest, „dass es auf dem gräberreichen Giersfelde spukt, wird im Allgemeinen Jeder, der den Ort sah, natürlich finden. Es mag sich in den Sagen vom dort umherrollenden Dämon „Alke" irgend eine alte Mythe von einem Gotte aus der Heidenzeit verstecken." Tatsächlich bleibt die Herkunft des „Alke", der mal als Feuerrad, mal als Drache im Norddeutschen haust, ein Geheimnis. Vermutungen, es könne sich um den Gott Alcis handeln, der nach Tacitus von einem germanischen Stamm verehrt wurde und in der Sagenwelt fortbestand, sind jedoch nicht zu belegen.

DER VERSUNKENE REISEWAGEN

Wenn sich plötzlich der Boden auftut und sich über Nacht ein See bildet, wo tags zuvor noch scheinbar fester Wiesengrund war, dann sahen sich unsere Vorfahren mit überirdischen Mächten konfrontiert. Solche Erdfälle, die vermeintlich direkte Zugänge zu einer mythischen Unterwelt öffneten, fanden im Osnabrücker Land immer wieder statt. Nach alten Urkunden entstand zu Icker im Jahre 1411 ein solcher See, den man den grundlosen Kolk nannte. Ein zweiter Erdfall entstand am 22. April 1782. Beide wurden Mitte und Ende des 19. Jahrhunderts wieder aufgefüllt und gerieten in Vergessenheit. Doch über das Entstehen des grundlosen Loches wird bis heute berichtet, wie eines Tages vor langer Zeit eine reiche Frau in einem mit vier Pferden bespannten Wagen über Land reiste. Als sie an die Stelle kam, wo später der Kolk lag, kamen die Pferde nicht mehr recht voran, da der Boden unter ihren Hufen so morastig wurde, dass sie keinen Halt mehr fanden. Ärgerlich schimpfte die Frau den Kutscher: „Nu föhr doch to in's Deubels Namen!" (Nun fahr doch zu in des Teufels Namen.). „Nei", antwortete der Kutscher, „ik föhr in Goddes Namen!" (Nein, ich fahr in Gottes Namen.) Bei diesen Worten zogen die Pferde kräftig an und brachten den Wagen weiter. Plötzlich aber brach die Deichsel und die Stränge rissen, die Pferde stürmten davon, rissen den Fuhrmann von seinem Bock und schleiften ihn ein gutes Stück hinter sich her. Der Wagen aber versank an Ort und Stelle mitsamt der reichen Frau in der Erde. Dem Kutscher und den Pferden ist nichts geschehen, aber dort wo der Wagen versank, entstand ein tiefer Kolk mit dunklem Wasser, das aufgeregt schäumte und sich nur langsam glättete.

Die Sage vom versunkenen Reisewagen fand auch zwischen Berge und Hekese statt, wo sich auf halbem Wege inmitten finsterer Tannenwälder der Gauensberg erhebt, zu dessen Füßen ein einsamer Teich liegt, der von den Bewohnern der Umgegend ängstlich gemieden wird.

DAT MÄRWIIF TO ICKER

In alten Urkunden wird davon berichtet, wie durch einen Erdfall im Jahre 1411 in Icker ein tiefes Loch entstand, das sich nach und nach mit Wasser füllte. Man nannte diesen See den Kolk zu Icker und durch verschiedene Aufzeichnungen werden wir darüber unterrichtet, dass auf dem Wasser früher eine

Die Erdfalltümpel bei Icker wurden in alten Zeiten von den Bewohnern der Gegend ängstlich gemieden.

Insel schwamm, die mit Gras und Bäumen bewachsen war und sich bei Wind bewegte. Der Kolk aber wurde im Jahre 1864 zugeschüttet.

Uppen Kolke to Icker swemmt innen grönen Water ene Insel met Böme unne Gress bewassen. Innen Water lieved Märwiver (Meerweiber) un de vergnöget sik met ähren Jungen upper Insel un annen Over. Dichte by'n Kolke liggt de Stye Hanfeild (die Hofstelle von Hanefeld) un de Völker van dor gauet eenes Dages up de wisch annen Water, doa fanget se en jung sau ruff (behaart) uppen ganssen lieve asse en rüe. Dat niemet se met nau Huus un legget et unner de Füürbank, un dort ligt et den ganssen Dag. As et auber Nacht werd, kümmt dat aule Märwiif, rögt ähr Kiind un soght (säugte) et dür dat Hack un seggt jümmer: „Sogh myn kinneken, sogh!" Sau maket se et alle Nachte. Aos nu dat Kiind grötter wert, loibet de Buuren, se wollen der möer enen gefallen dohn un dat Kiind schären, dat et örðentlick tüüg (Zeug, Kleidung) ankriegen konne. Dat döet se, scháret dat Kiind, auber men half. As et nu wier Nacht wert, kümmt dat aule Märwiif, nümmt ähr Kiind met weg un segt:

„Sau as ji myn Kiind hebt schuoren   (So wie ihr mein Kind habt geschoren,
    is jue glück un Stye verluoren."   ist euer Glück und Stelle verloren.)

Un bet int siebende Led hebbet Hanfeilds Schuld un Ungeduld hat.

DER DARNSEE

Nordöstlich von Bramsche, an der Straße die nach Malgarten führt, liegt der Darnsee, der wie der benachbarte Feldungelsee durch einen Erdfall entstanden ist. Tief im Untergrund des Gebietes haben sich vor Jahrmillionen linsenförmige Lagerstätten von Kalken, Salzen und anderen wasserlöslichen Stoffen gebildet. Vom steten Tropfen des Wassers allmählich ausgespült, stürzten schließlich die deckenden Erdschichten ein und bildeten tiefe Trichter, in denen sich das Wasser zu einem Tümpel oder gar See sammelte. So auch im Jahre 1969 beim Driehausener Erdfall nahe Schwagstorf geschehen. Am Darmssen, wie die Anwohner den Darnsee meist nennen, geschah der Erdfall vermutlich schon um das Jahr 1000 n. Chr. und wurde erstmals 1489 beurkundet. Der Volksmund hat für das plötzliche Entstehen des tiefen Wassers jedoch eine ganz andere Erklärung. Denn dort, wo jetzt der Darnsee in Form eines halben Mondes mit seinen dunklen Gewässern liegt, stand in längst vergangenen Tagen ein von Wassergräben umgebenes Nonnenkloster. Mit der Zeit war hier jedoch an die Stelle von Beten und Fasten viel Verderbtheit und Sünde getreten. Während man sonst aus weltlich Gesinnten Kinder des Herrn schuf, erzog man jetzt edle Jungfrauen zu Kindern des Teufels. So hatte man einmal mehr eine liebliche Jungfrau zur Ablegung des Gelübdes verleitet. Eben fiel vor dem Altar ihr goldenes Haar unter der Schere, da versank das ganze Kloster in der Tiefe und an seine Stelle trat ein düsteres Gewässer. Bei klarem Frostwetter, wenn eine Eisdecke den See überwölbt, hören die Kirchgänger noch das Geläute der versunkenen Klosterglocke. Auch sei an Festtagen das Gebrüll des fetten Klosterochsen zu hören oder ein großes Krachen, wenn dieser mit seinen gewaltigen Hörnern unter der berstenden Eisdecke herfährt. Unheimliches geschah auch dem Colon Beckhake, der einmal abends seine Angeln am Darnsee aufgestellt hatte. Wie er sie des Morgens in die Höhe zog, so ging es mit der einen so schwer, dass er sie kaum herausbringen konnte. Er zog aber und zog und brachte endlich einen ungeheuern Fisch mit einem gro- ßen Horn auf dem Kopf an die Oberfläche. Da habe Beckhake seine Angel hin- geworfen und sei Hals über Kopf davongerannt. Solches und die Tatsache, dass der Darnsee weder über einen sichtbaren Zu- noch Abfluss verfügt und zudem unergründlich tief sei, ließen gleich ein ganzes Bündel von Sagen entstehen.

Dunkel und unergründlich war der Darnsee einst Heimat der „rauhen Leute".

Auch sein Name, der aus dem 14./15. Jahrhundert als „Darnsmare" überliefert ist und mal als „See des Bösen", mal als „See des Verborgenen" gedeutet wird, bot viel Raum für sagenhafte Geschehnisse.

DER DARNSEESCHMIED

So erzählt man sich, dass im Darnsee vor Zeiten ein kleines Völkchen lebte, das „die rauhen Leute" genannt wurde, weil sie von oben bis unten mit Haaren bewachsen waren. Einzelne von ihnen kamen mitunter aus dem See und verkehrten mit den Menschen. Dies geschah aber nur, als die Gegend um den See noch nicht so sehr bevölkert war. Seit sich aber die Einsamkeit verlor, ließen sie sich nicht mehr sehen. In jener alten Zeit, als die „rauhen Leute" hier ihr Unwesen trieben, hörten die Umwohner des Gewässers jede Nacht ein gewaltiges Hämmern und Pinken und Klirren aus der Gegend des Sees, als wenn ein Schmied fleißig auf dem Amboss arbeite. Einige Bauern aus Epe wollen auch um Mitternacht im Mondenschein etwas gesehen haben, das auf dem Darnsee umherschwimmt. Zuletzt schifften einige Mutige darauf zu. Etwa in der Mitte des Sees trafen sie auf einen Schmied, der bis an den Gürtel im Wasser saß und

so weit man es sehen konnte, wie ein Ziegenbock behaart war. Mit dem Hammer in der Faust deutete er auf seinen Amboss und bedeutete ihnen so, dass er Arbeit haben wolle. Die Bauern verstanden ihn und das ganze Dorf vertraute ihm von nun an alle seine Schmiedearbeit an. Niemand aber hat ihn gesehen, außer denen, welchen er sich zuerst auf dem See gezeigt hatte. Denn wer ein Geschirr hatte, das irgendwie repariert werden sollte, der legte es am Abend auf einen flachen Stein, der am nördlichen Ufer des Sees zwischen zwei alten Eichen stand. Und wer eine neue Arbeit bestellte, der schrieb sie auf einen offenen Brief oder rief sie laut über den See. Dann kam der Schmied in der Nacht, holte die Arbeit und verbesserte oder schmiedete, was verlangt war. Hatte man ungewöhnlich viel Arbeit bestellt, dann wurde die Nacht über ein besonders heftiges Hämmern und Lärmen vom See vernommen. Man weiß aber keinen Fall, dass die Arbeit nicht schon in der ersten Nacht fertig geworden wäre. Schon vor Tagesgrauen lag sie auf dem Steine und auf einem daran gebundenen Streifen stand der Preis geschrieben. Das Eisen und die Arbeit des Schmiedes waren stets von ausgezeichneter Güte und der Preis verhältnismäßig niedrig. Deshalb bezahlten ihn die Bauern stets bis auf den letzten Heller. Sie legten den Preis wieder unter den alten Eichen auf den Stein, den man seither die „Tafel des Schmieds" nannte. Viele Jahre dauerte dieser redliche Handel und die Leute von Epe standen sich gut dabei, hatten sie damals doch die besten Pflugeisen im Lande.

Es war aber in der Eper Bauerschaft ein habgieriger Mann, der meinte, der Schmied könne doch um Gottes Lohn arbeiten. Es mache ihm ja allemal keine Mühe und er sei ja schon Narr genug, allzu billig zu arbeiten. Und solch einem Narren müsse man tun, wie ihm Recht geschähe. Also legte dieser statt des Geldes einen schmutzigen Lohn auf des Schmieds Tafel. Kaum aber war das geschehen, da zischte und brodelte das Wasser auf und ein Speer mit einem scharfen Eisen wurde aus dem See geschleudert und durchbohrte den Schändlichen. Und die Erde unter dem Steine brach auf und verschlang ihn. Das Hämmern des Schmieds ward seitdem nicht mehr gehört. Man sagt, er habe sich in die Tiefe des unergründlichen Sees zurückgezogen.

Die Eichen grünten noch so manches Jahr, doch zuletzt verdorrten ihre Kronen. Letzthin wurde die Axt an ihre Wurzeln gelegt und seitdem sind auch sie verschwunden. An dem Platz jedoch, wo des Schmieds Tafel gestanden hat, sieht man noch jetzt eine kleine Senke am Ufer. Man hat dieselbe schon oft aufzufüllen versucht, aber immer vergeblich, sie ist stets wieder eingesunken und bildet für alle Nachkommen ein ewiges mahnendes Zeichen von Hochmut und Geringschätzung.

Beeindruckende Bäume und andere Naturerscheinungen boten vielfältige Motive für sagenhafte Erzählungen.

Wenn die Schwaden des Frühnebels durchs Osnabrücker Land ziehen, nehmen die Sagen der Altvorderen Gestalt an.

HACKMANN UND DAS RAUHE KIND

In jenen vergangenen Zeiten, als eines Bauern Haus und Hof stets zur Verteidigung von Ehr und Gut bereitstand, nannte man die Aufsitzer eines Hofes Wehrfester. Hackmann war solch ein Wehrfester und kam eines Tages an den Darnsee, um am Ufer Schilf zu schneiden. Da fand er ein behaartes nacktes Weib, das sich mit seinem Kinde im warmen Ufersand sonnte. Als dieses den Bauern kommen hörte, da lief es fort und sprang in die Fluten. Der Bauer aber nahm das Kind mit nach Haus, wo es gewöhnlich unter der Bank lag, welche die Unnerherdsbank genannt wird. Das rauhe Kind gedieh aber gut und wuchs rasch heran. Denn wenn der Bauer mit seinen Leuten auf dem Acker war, kam die rauhe Mutter und säugte ihr Kind heimlich. Sie überschritt aber nie die Schwelle des Hauses, sondern blieb unten an der Einfahrtstür stehen und lockte das Kind. Dieses lief dann vor die Tür, durch welche ihm die Mutter die Brust reichte.

Als der Bauer das Kind einige Jahre gehabt hatte, nahm er es und schor es, damit es ein Ansehen bekomme, wie ein anderes Kind. Als aber die Mutter wiederkam, um ihr Kind zu säugen und sah, dass es geschoren war, da wurde sie zornig und rief:

<table>
<tr><td>

„Mien Kind geschoren,
Hackmanns Stie verloren
bit in't drüdde un veerte Lid!"
</td><td>

(Mein Kind geschoren,
Hackmanns Stelle verloren
bis ins dritte und vierte Glied!)
</td></tr>
</table>

Darauf kehrte sie wieder zurück in den Darnsee und das Kind mit ihr. Von diesem Augenblick an war Unglück auf Hackmanns Erbe. Während die vier Wehrfester regierten, über welche der Fluch ausgesprochen war, gab es Hagelschlag, Misswuchs und Sterbgang an Vieh und Menschen auf der Stelle und alles, was sie anfingen, das hatte weder Gedeihen noch Gelingen.

Wie die Natur, so auch die Menschen des Osnabrücker Landes: fest verwurzelt und bemerkenswert eigensinnig.

DER KNECHT AUS DEM DARNSEE

Viel Zeit war seither vergangen, als ein Bauer, der zum Fischen an den Darnsee ging, am Ufer auf einen Knecht traf, den er noch nie zuvor gesehen hatte. Der Bauer hieß Fischer und wohnte nicht fern vom See auf der Stelle, die noch jetzt Fischers Erbe genannt wird. Der Knecht war gekleidet wie andere Knechte auch, aber behaart im Gesicht und an den Händen. Derselbe bot dem Bauer seine Dienste an und sagte, als er nach dem Lohne fragte, darüber wollten sie wohl einig werden. Der Bauer nahm ihn an und er war sein treuester und fleißigster Knecht. Als er sieben Jahre gedient hatte, da sagte er zu Fischer: „Meine Zeit ist um, ich muss jetzt von Dir, verlange aber keinen andern Lohn, als ein zweischneidiges untadelhaftes Schwert, welches ohne Handel ehrlich gekauft ist." Der Bauer ging hin nach Bramsche und erstand ein solches Schwert, handelte aber vier Pfennige davon ab. Da der Knecht dies Schwert sah, fing er an zu jammern: „Das ist mein Unglück, warum hast Du mir dies getan? Gehe schleunigst wieder hin und bringe die abgezogenen Pfennige zurück. Sonst fürchte ich, möchte es zu spät werden!" Als Fischer die Pfennige nachgezahlt hatte, führte der Knecht ihn an den Darnsee und sagte: „Ich muss nun zu meinem Vater zurück. Aber ich fürchte, dass ich mich zu lange aufgehalten habe, und dass die Zeit, welche mir mein Vater gesetzt hat, schon abgelaufen ist. Mein Weg geht durch ein Tor tief unten im Darnsee, welches von zwei fürchterlichen Hunden bewacht wird. Ist das Schwert untadelhaft, wie es sein muss, und komme ich zur rechten Zeit, dann kann ich sie abwehren, komme ich aber zu spät, dann werden sie mich zerreißen. Du sollst selbst sehen, welches mein Schicksal ist. Im letzten Falle erscheint Blut, im ersten aber Milch auf dem Wasser, sodass es davon ganz weiß wird." Darauf schlug er kreuzweise ins Wasser, sodass sich dasselbe bis unten teilte, und stürzte hinein mit seinem Schwerte. Als aber die Wellen sich über ihm schlossen, da wurde der See rot von seinem Blut und er kam nie wieder.

Das Darnsee-Gedicht

Am Darnsee rauscht und klagt es im Schilf,
wenn nächtliche Nebel sich breiten;
von Weitem tönt es wie Rufen um Hilf',
das drohende Flüche begleiten.

Dann schallt es wieder wie Hammerschlag
aus des Wassers dunklen Tiefen,
als wenn die Gesellen den ganzen Tag
bei eiliger Arbeit verschliefen.

Das ist der Nix, der züchtigt sein Kind,
das jammert nach einem Gespielen;
es möchte gern weilen, wo Kinder sind,
nur eines umarmen von vielen.

Mit rauher Faust das Eisen dann packt
der Nix. Der schmiedende Hammer
ertönt in immer rascherem Takt,
dazwischen des Kindes Gejammer.

Der Wanderer hört's, ein Kreuz er schlägt;
verstummt sind Hämmern und Klagen.
Im nahen Gehöft das Leben sich regt,
im Osten beginnt es zu tagen.

HERMANN HARTMANN

DE SCHMEDT TO ASTRUP

Nich wiet van Diekes Huave (Dieckmanns Hof) im Kerspel Schliesen (Kirch-spiel Schledehausen) wuonde de Smed to Astrup. De was auk up dat Erdengooed mehr bedacht, as up dat Himmelske, un abschäuns (obwohl) he all noog haare, wuall he nau immer meer hewen. Et was den Dag vor Wienachten, as he eenen nien Wagen beslöög; abers he konn'n met allen Fliete nich ferrig kriegen. Dau dagde he: „'t kuomet dree Fierdage nau de Riege, waar du niks verdeenen kannst, de Wagen schall alldach ree sein!" Fröu Muarens, an'n ersten hilligen Wie-nachtsdage, as de annern Lüüe nau schlöapen, stönd de Smet un siene beeden Gesellen all an 'n Ambolde (Amboss), un as de ersten Naubers na de Kassuchte (Frühmesse) iileden, gönk in 'r smie all: „Dree grössen de Nagel, dree grössen de Nagel." Dau kuam wier 'n Tropp Lüüe vorbie, un söngen sau vor sik hen 'nen schäunen Wienachtsgesank. „De wüll wie es verferen", siä de Smet, greip 'ne Handvul Hammerslag, liä de up 't Ambold, spieede darin un hööld den glööni-gen Staff Iisen darup. Hauge taug he den Hamer un met aller Macht lööt he em up 't Ambold fallen, dat 't fürchterlick knallen scholl. De Slag knallde auk, aber met den Slage versank de Smiee sammt den Smet unn sienen Knechten in de Eeren, waar se van 'n Düwel iären Laun krieget. Dat Luack (Loch) aber, war de Smiee staunen heff, is nau to seenen bie Diekens Huave to Astrup.

DER MEERPOHL

In Altenhagen, einer ehemaligen Bauerschaft des Kirchspiels Hagen, stand bereits um das Jahr 850 die erste St.-Martinus-Kirche. Etwa um das Jahr 1200 wurde sie in die Bauerschaft Beckerode verlegt, wo daraufhin das Kirchdorf Hagen entstand. Etwa 300 Jahre später wurde auch diese Kirche neu gebaut und ist bis heute das Wahrzeichen der Gemeinde. Im Volksmund jedoch wurde das älteste Gotteshaus nicht verlegt, sondern es versank wegen eines Mordes, der in der Kirche begangen wurde. An ihrer Stelle entstand ein Teich, den man „Meerpohl" nannte. Noch vor 150 Jahren, so wissen es die ältesten Bewohner von ihren Vätern, will man die Spitze des untergegangenen Kirchturmes im Wasser gesehen und am Weihnachts-morgen die Glocken aus der Tiefe vernommen haben. Hierhin wallfahrte dann die ganze Gemeinde von Hagen mit der großen Prozession am Fronleichnamsfest, um den Geist des Erschlagenen zu versöhnen. Jetzt hört man das Geläute nicht mehr, denn der Geist ist versöhnt und seine Seele hat Ruhe gefunden.

Kampflustig und wachsam verscheucht der Hahn in vielen Sagen die Nacht und bereitet dem Spuk der Dämonen ein Ende.

REGISTER DER

ERWÄHNTEN ORTSNAMEN

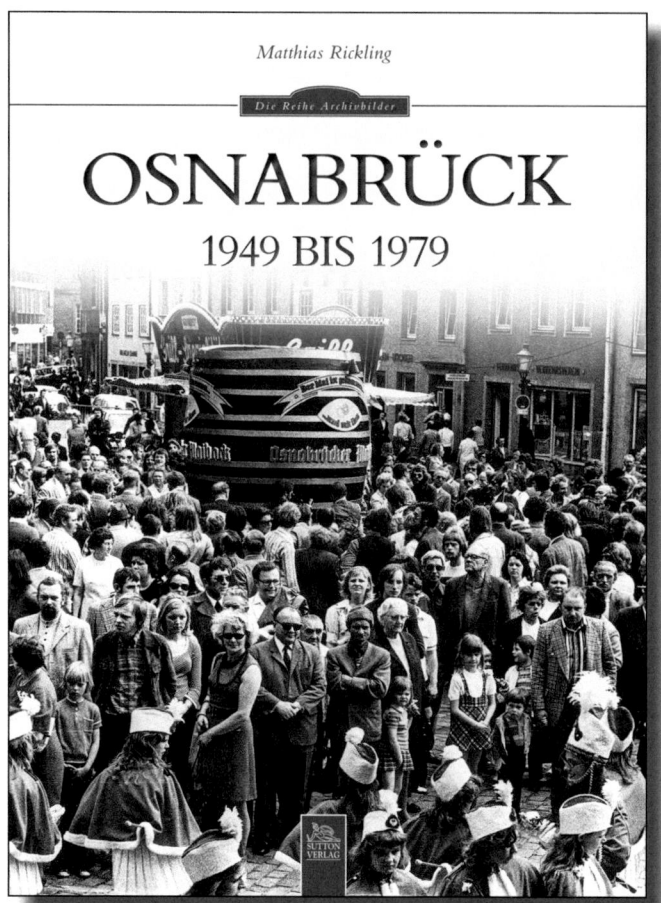

Matthias Rickling

Die Reihe Archivbilder

OSNABRÜCK
1949 BIS 1979

Von Karl dem Großen gegründet, schrieb Osnabrück als Bischofs-
sitz, Hansestadt und Verhandlungsort des Westfälischen Friedens
Geschichte, erlangte als Handels- und Industriemetropole Geltung und
wurde bedeutender Eisenbahnknotenpunkt. Dann kamen zum Ende
des Zweiten Weltkrieges die Bomber …

Dieser Bildband veranschaulicht mit über 200 Fotografien den
mühsamen Wiederaufbau und die einschneidenden Neuerungen, die
sich hier von 1949 bis 1979 vollzogen haben. Matthias Rickling zeigt die
Veränderungen im Alltag der Bevölkerung zwischen Schule, Arbeit und
Freizeit und macht den Wandel der Lebensumstände deutlich.

ISBN: 978-3-95400-124-8 | 18,95 € [D]

DIE REIHE
Archivbilder

ENTLANG DER HASE
VON OSNABRÜCK ÜBER QUAKENBRÜCK NACH MEPPEN

Heinrich Böning

Ein ganzer Landstrich im Westen Niedersachsens identifiziert sich mit der Hase. Eine Reihe von Städten verdankt dem Fluss ihre Existenz, darunter die Bistumsstadt Osnabrück. Die Hase prägte und prägt den Alltag in Osnabrück, Bramsche, Bersenbrück, Quakenbrück, Löningen, Haselünne und Meppen.

Rund 200 bislang größtenteils unveröffentlichte Fotografien dokumentieren die Brücken und Wehre, die Wind- und Wassermühlen, die Dörfer und Städte entlang der Hase von 1900 bis 1960. Darüber hinaus zeigen die historischen Aufnahmen vor allem die Menschen, die an und mit dem Gewässer lebten.

ISBN: 3-89702-750-3 | 17,90 € [D]

Die Heimat entdecken!

Von Kiel bis Wien,
von Aachen bis Görlitz:
Entdecken Sie Alltagsgeschichten
aus Ihrer Heimatstadt!

Leben in der Großstadt …

Tauchen Sie ein in das quirlige Großstadtleben vergangener Tage. Spazieren Sie über breite Boulevards und stürzen Sie sich ins Nachtleben. Erkunden Sie ihre Stadt durch die Fensterscheiben einer Straßenbahn oder des ersten Käfers und bewundern Sie prächtig geschmückte Schaufenster.

... und ländliche Idylle

Wie sah das Leben in Ihrer Heimat aus, als die Bauern noch mit Pferden pflügten und jedes Dorf seinen eigenen Schmied hatte, jeder noch jeden kannte und das Leben sich zwischen Kirche, Wirtshaus und Wohnküche abspielte?

Erinnerungen an die Schulzeit …

Erinnern Sie sich noch an die Zeiten von Abakus und Schiefertafel, an Klassenausflüge oder den ersten Taschenrechner? Blicken Sie zurück auf große Klassen und gestrenge Schulmeister, entdecken Sie auf Klassenfotos Freunde und Bekannte von früher!

… und das Arbeitsleben

Entdecken Sie, wie sich das Arbeitsleben in den letzten hundert Jahren verändert hat. Werfen Sie einen Blick in Fabrikhallen, blicken Sie Handwerksmeistern bei ihrer Arbeit über die Schulter und erinnern Sie sich an den Einkauf im Tante-Emma-Laden.

Gesellige Stunden im Verein …

Fußballclub und Schützenverein, Musikkapelle und Gesellenverein: Schauen Sie zurück auf Volksfeste und Turniere, Chorproben oder Prunksitzungen. Erinnern Sie sich an schöne Stunden und das gesellschaftliche Leben in Ihrer Heimat.

... und im Familienkreis

Werfen Sie einen Blick in die Wohnzimmer vergangener Tage und entdecken Sie, wie sich zwischen schweren Eichenmöbeln, Nierentischen und Ikea-Regalen der Alltag verändert hat. Erleben Sie Familienfeiern und Weihnachtsfeste im Wandel der Jahrzehnte mit.

Alltagsgeschichte in historischen Fotos
zu über 1000 Regionen, Städten
und Gemeinden

Bestellen Sie jetzt
Ihr persönliches Exemplar auf

www.suttonverlag.de